Todos los libros de Linkgua Ediciones cuentan con modelos de Inteligencia Artificial entrenados por hispanistas. Pregúntale al chat de tu libro lo que desees acerca de la obra o su autor/a.

Para **ebooks**: Accede a nuestro modelo de IA a través de este enlace.

Para **libros impresos**: Escanea el código QR de la portada con tu dispositivo móvil.

Obtén análisis detallados de nuestros libros, resúmenes, respuestas a tus preguntas y accede a nuestras ediciones críticas generativas para una experiencia de lectura más enriquecedora.
La transparencia y el respeto hacia la autoría de las fuentes utilizadas son distintivos básicos de nuestro proyecto. Por ello, las respuestas ofrecen, mediante un sistema de citas, las fuentes con las que han sido elaboradas.

Luis Coloma

Cuentos para niños

Barcelona 2024
Linkgua-ediciones.com

Créditos

Título original: Cuentos para niños.

© 2024, Red ediciones S.L.

e-mail: info@linkgua.com

Diseño de cubierta: Michel Mallard.

ISBN rústica ilustrada: 978-84-9953-880-8.
ISBN tapa dura: 978-84-1076-047-9.
ISBN ebook: 978-84-9897-381-5.

Sumario

Brevísima presentación

La vida

Luis Coloma Roldán (Jerez de la Frontera, 9 de enero de 1851-Madrid, 14 de abril de 1915). España.

Ingresó a los doce años en la Escuela Naval de San Fernando y se licenció en Derecho por la Universidad de Sevilla. Su amistad con Fernán Caballero se afianzó hacia 1868, año de la Revolución de septiembre que destronó a la reina Isabel II de España. Más tarde Coloma se fue a Madrid, y trabajó como pasante en un bufete del abogado. En Madrid frecuentó tertulias literarias y colaboró en varios periódicos conservadores defendiendo la Restauración de los Borbones.

Tras recibir una grave herida en el pecho en 1872, mientras limpiaba un revólver, se dedicó al sacerdocio en la Compañía de Jesús y se fue a Francia.

En 1874 fue ordenado en la Compañía de Jesús y regresó a España. Por entonces fue maestro en diferentes ciudades españolas y ejerció el periodismo y la literatura. Escribió relatos costumbristas que fueron publicados con el título de *Lecturas recreativas* (1884) y *Pequeñeces una novela de sátira social* (1891). Este texto, apareció por entregas en la revista bilbaína de los jesuitas *El Mensajero del Sagrado Corazón de Jesús* durante los meses de enero de 1890 a marzo de 1891, y luego fue publicado en dos volúmenes.

El Heraldo de Madrid abrió un concurso de opiniones sobre *Pequeñeces* y durante quince días publicó críticas e interpretaciones que molestaron a Luis Coloma y a la Compañía de Jesús. Emilia Pardo Bazán alabó el realismo naturalista de Coloma en su revista *Nuevo Teatro Crítico* y entre las críticas adversas destacó la de Juan Valera.

Historia de un cuento

A un crítico de diez años que encuentra mis cuentos «my vomitos»[1]

I

Sembrad en los niños la idea, aunque no la entiendan: los años se encargarán de descifrarla en su entendimiento y hacerla florecer en su corazón.

Había en casa de mis padres un bonito jardín, que separaba la cuadra y cochera del resto del edificio. Levantábase en el centro una glorieta circular, y salían de ella varias callecitas sombreadas por parras y rosales, que iban a terminar en preciosos arriates, caprichosamente cerrados con verjas. En uno de éstos, en que no habían sembrado planta ninguna, guardaba yo dos cabritas, regalo de mi abuela, de quien siempre fui el nieto predilecto.

Estos inofensivos animalitos tenían un enemigo encarnizado en la persona de doña Mariquita, anciana ama de llaves, que desempeñaba este cargo en mi casa hacía veintidós años. Según ella, nada bueno podía esperarse de unos animalitos, que tenían con el diablo el peligroso punto de contacto de poseer como él cuernos y rabo.

Mis relaciones con doña Mariquita no eran muy cordiales: la disciplina doméstica, quebrantada a veces por mis cabras, y sobre todo, un individuo de la raza felina, un gato pardo, llamado Pilitón, en quien tenía ella puestos sus cinco senti-

---

1   ...Mándeme usted, un cuento my vomito al Colegio; que no me an castigado esta semana mas que sinco beces, y dice el P•• que voy me-gorando. (Carta escrita al autor por el citado crítico.)

dos, eran entre nosotros la manzana de la discordia. Solía yo cogerle por una pata sin el menor miramiento, y haciéndole sentar sobre sus cuartos traseros, le preguntaba muy serio:

—Pilitón... ¿quieres ir a la escuela?

Pisábale entonces el rabo con disimulo, y Pilitón mayaba furiosamente.

—¿Lo ves? —gritaba yo a doña Mariquita— ¿lo ves como Pilitón es un flojo que no quiere estudiar?...

Doña Mariquita corría detrás de mí, llamándome *Nerón*, y yo me refugiaba en cualquier asilo, mientras el señor Pilitón se atusaba los bigotes, erizados de cólera por mi falta de respeto a las conveniencias sociales.

Un día vino a verme mi amigo Juan Manuel, y entre los dos cometimos una iniquidad horrible, que tuvo a poco providencial castigo: atamos al rabo de don Pilitón un triquitraque de a dos cuartos, y le prendimos fuego. El pobre animal huyó desatentado a refugiarse entre las enaguas de su dueña, que a poco más se inflaman, como se inflamó su cólera al ver chamuscado el rabo de su gato.

Presentose a mi madre pidiendo justicia, y en un enérgico discurso probó hasta la evidencia mi complicidad en el atentado; y extendiéndose luego sobre el influjo de las malas compañías, vaticinó mi pronta e inevitable muerte en lo alto de un patíbulo, si continuaba siendo el Orestes de aquel maléfico Pílades, tan aficionado a la pirotecnia.

Asustó a mi madre la profecía, y me sentenció a tres días de encierro, en un cuarto que llamaban la *alcoba oscura*. Durante mi cautiverio ocuparon varias ideas mi mente: pensé primero hacer una cuelga general de amas de llaves, pendientes todas de rabos de gatos: proyecté después escribir un libro como Silvio Pellico, que llevase por título *Mis prisiones*; y decidí, por último, dedicarme a la cetrería, cazando moscas, que con un papelito puesto por cola, hacía volar por el cuarto.

Esta aventura me hizo variar mis relaciones diplomáticas con el señor Pilitón: dejé la franca política de los beduinos del Sahara, y sin haber leído a Maquiavelo, adopté la astuta y tortuosa política florentina. Hacíale mil caricias y fiestas delante de su dueña, y me las pagaba todas juntas cuando lo cogía a solas. Doña Mariquita era poco filóloga: por eso las quejas de don Pilitón eran oídas, mas no entendidas.

Un día (día aciago por cierto), cosía doña Mariquita, sentada junto a una ventana que daba al jardín: Pilitón reposaba tranquilamente a su lado, y colocada entre ambos había una cestita de mimbres, en que se hallaban las llaves del comedor, la calceta de doña Mariquita, y... unos cuantos cigarrillos de papel. Porque, fuerza es confesarlo: doña Mariquita tenía la debilidad, extraña en su sexo, de fumar como un coracero.

Yo me acerqué a don Pilitón, para hacerle mis acatamientos, y conquistarme así la benevolencia de su dueña, que tenía en depósito una bandeja de riquísimos piñonates, regalo de unas monjas que socorría mi madre. No sé lo que por mí pasó entonces; pero sin duda debió de ser tentación del enemigo. Es lo cierto, que, sin saber cómo, se introdujo mi mano en la cestita, y se apoderó de uno de aquellos cigarrillos, sin que don Pilitón ni su dueña cayesen en la cuenta.

Corrí entonces al jardín, a esconderme en el cercado de mis cabras, para fumar, sin testigos, el cigarrillo de doña Mariquita, primero que se posaba en mis labios. ¡Pero cuál no sería mi sorpresa, cuál no sería mi terror, cuando al aplicarle un fósforo, que de paso cogí en la cocina, vi salir una atroz llamarada, que me chamuscó las narices!... Caí sentado del susto, y creí por un momento que el Vesubio vomitaba sus llamas y su lava por la punta del cigarro.

Acudió a mis gritos Tomás el cochero, y la misma doña Mariquita llegó presurosa, preguntando qué me sucedía. Mi horror natural a la mentira me hizo confesar mi culpa, al mismo tiempo que mi desgracia. Asombrada doña Mariquita, abrió uno a uno sus cigarros, y encontró en dos de ellos una poquita de pólvora, hábilmente colocada en la cabecilla.

Hiciéronse pesquisas para averiguar quién era el bárbaro nihilista que, apuntando a las narices de doña Mariquita, había chamuscado las mías, y resultó al fin culpable mi amigo Juan Manuel, que, huésped el día antes en mi casa, había aplicado sus conocimientos pirotécnicos a los cigarros de la pacífica vieja.

Doña Mariquita, que tenía la cara más fea que he visto, y el alma más hermosa que he conocido, perdonó generosamente al culpable: me puso un pañito de árnica en la quemadura, y aquella noche, después de rezar conmigo esas mismas oraciones que tantas veces he rezado yo contigo, me contó el siguiente cuento, mientras el sueño no acudía a mis ojos, espantado por el gran escozor que mortificaba mis narices.

II[2]

Pues señor, que era vez y vez, y el bien que viniere para mí se quede, y el mal para quien lo fuere a buscar, de dos compa-

---

2 Este cuento es verdaderamente popular, y lo transcribimos tal como nos fue referido, conservando las graciosas inverosimilitudes y el característico sello propio de este género de literatura, con tanto afán coleccionada y analizada en varios países, sobre todo en Alemania, por los eruditos aficionados a ella. A éstos dejamos el cuidado de explicar las extrañas analogías que existen entre los cuentos populares de todos los países: el que referimos las tiene muy notables con uno, cuyo título no recordamos, comprendido en la colección sueca de Andersen.

dres, uno rico y otro pobre. El rico se llamaba don Juan, y el pobre, Juanete a secas.

El rico tenía más pellas que un cebón, por lo que la gente del barrio le llamaba don Juan *Botija*: hablaba recio, como la campana gorda de la iglesia; pisaba fuerte, como el que pisa en lo suyo; rara vez se descubría, y, sin embargo, todos los sombreros se inclinaban a su paso; fumaba puros, y vivía en una casa propia, con cancela y fuente en el patio.

El pobre parecía que las curianas lo chupaban de noche; hablaba quedito, como la esquila del campanario; su andar era de puntillas, como el que pisa en lo ajeno; siempre con el sombrero en la mano, y nadie se cuidaba de contestar a su saludo; fumaba colillas, y vivía en un sombrajo que había hecho allá en las afueras del pueblo.

Don Juan Botija cantaba repantigado en una butaca, después de haber comido por un regimiento:

> ¡Fumar, comer, beber,
> que vengan rebujinas,
> dejar que vaya el pobre
> a dar contra una esquina!

Juanete cantaba, tomando a la puerta de su sombrajo una ración del Sol, mientras se escarbaba los dientes con el rabo de la paleta:

> El hombre que nace pobre
> con el frío es comparado;
> todos le huyen el cuerpo
> no les pegue un resfriado.

Don Juan Botija tenía su mujer, y Juanete tenía la suya. La del rico era alta, seca, amarilla como una vela de sebo, de pocas palabras y menos caridad. La del pobre era chica, regordeta, vivaracha, capaz de contarle los pelos al diablo, y de jugarle una pasada al lucero del alba: se llamaba Catalina; pero le decían *la Chata*, porque tenía las narices en conversación con las cejas.

Pues vamos a que un día señá Catalina la Chata, que andaba, como quien dice, con el hambre a puñetazos, se tocó el pañolón y fue a pedirle por caridad a su compadre Juan Botija, que le diera a la mano para sembrar un *cojumbralito*. El señó Juan Botija, era un don Alejandro en puño, a quien, si no se le daba en el codo no abría la mano, y por más que su comadre le gimió y le lloró, solo pudo conseguir que le tirase a la cara dos cuartos, diciéndole:

Chata, barata,
narices de gata;
toma dos cuartos
para batata.

A la Chata, que tenía malas pulgas, le dio un brinco en el cuerpo la soberbia, y chilló más quemada que el taco de un mortero:

—¡Oiga usted, so deslenguado! se mete usted sus dos cuartos donde le quepan, y a mí no me viene poniendo motes... ¿Estamos?... ¡El diablo del hombre, que parece una sandía con patas!... ¡Bien podía usted quitarse el *don Juan*, que lo tiene *jilvanao*, y quedarse con el *Botija* solo!

Y la Chata, echando chiribitas por aquella boca, tomó dos dedos de luz y cuatro de traspón, y con el pañolón tirado atrás, y echándose fresco con el delantal, se volvió camino de su sombrajo.

Juanete estaba sentado a la puerta, mirando a unos gorriones que un poco más allá jugaban al toro, picando una ruedecita de zanahoria que brillaba al Sol. Conforme vio venir a su mujer tan sofocada, le dijo con sorna:

—¡Te lo dije; te lo dije, que sacarías lo que el negro del sermón: la cabeza caliente y los pies fríos!

—¿El qué me dijiste tú, Juan Lanas? —contestó Catalina, que traía ganas de pegarla con alguien—. ¿Qué me dijiste tú, que no sirves más que para ocupar una silla y desocupar un plato?

—Ni ocupo sillas ni desocupo platos, porque ni sillas ni platos tengo.

—¿Y quién tiene la culpa, grandísimo flojo; que, por no trabajar, ni te lames los labios cuando los tienes secos?

—Mira, que si tú tienes ganas de rabiar, yo la tengo de morder; conque compra un cordel y ahórcate, y punto en boca.

—¡No me da la real gana; y a mí no me alzas tú el gallo!

—Lo que te voy a alzar van a ser las quijadas de una *guantáa.*

—¿Tú a mí, grandísimo pillo?

Y Catalina, ciega de coraje, le estampó a su marido en la cabeza un pucherete, que fue a caer sano y salvo en medio de los gorriones: éstos echaron a huir, gritando: «¡Ya se armó la gorda!» y Catalina fue a recoger su puchero.

—¡Ay, Juanete de mi alma; mira lo que me he encontrado! —gritó a su marido, enseñándole aquella ruedecita de zanahoria con que los gorriones jugaban, que era ni más ni menos que una monedilla de cinco duros.

En qué los gastaremos, en qué no los gastaremos; ya iban a agarrarse de nuevo marido y mujer, cuando Catalina se los guardó en la faltriquera diciendo:

—Déjame a mí, que con estos cinco duros me he de traer para acá todas las talegas de ese condenado Juan Botija.

Y enseguida echa mano a un zagalejo de bayeta colorada, le saca un paño, y se pone a hacer con él un gorro para Juanete: así que estuvo listo, se lo pone a su marido en la cabeza, y le dio los cinco duros.

—Ahora mismo —le dijo— te vas al *Capilé*[3] de la calle de San Sebastián, y pagas una comida de lo mejor: luego te vas con tu gorro colorado a casa de tu compadre, y lo convidas a comer contigo...

En este momento pasaba por delante del sombrajo un hortelano, que con su burrita cargada de hortalizas iba para el pueblo, y Catalina siguió hablando muy quedito. A Juanete debió de gustarle lo que su mujer le dijo, porque los ojillos se le encandilaron, se encasquetó su gorro colorado, con el que, tan seco y amarillo como era, parecía un fósforo de cabecilla encarnada, y se vino para el pueblo a cumplir lo que su mujer le había mandado.

El señó Juan Botija, que a pesar de sus talegas era más ruin y avaricioso que un judío, se dio con un canto en los pechos al ver que iba a sacar la tripa de mal año a costa de su compadre, y cogiendo su *castora*, se fue con Juanete caminito del *Capilé*. En la puerta de éste, y debajo de la pintura de un plato con un par de huevos fritos, y otro con una gallina asada con plumas y cresta, había este letrero:

Entrar, beber, holgarse,

3   Se da en Andalucía el nombre de Capilé a unos establecimientos en que se sirve café a dos cuartos, y comidas de cuatro en adelante.

y al tiempo de pagar
no incomodarse.[4]

—¿Sabe usted, compadre —dijo señó Juan Botija— que sería
un gusto si el letrerillo éste fuese de verdad?

—Puede que para algunos lo sea —contestó Juanete con
mucho misterio.

Aquello fue un festín de arroz y gallo muerto, y cuando ya
señó Juan Botija tuvo que desabrocharse el chaleco, y Juanete que aflojarse la faja, se levantaron, y sin decir oste ni
moste, tomaron el camino de la puerta.

—Compadre, ¿no paga usted? —dijo señó Juan Botija,
con tanta boca abierta, al ver que pasaban por delante del
amo sin que les reclamase el dinero.

—Déjese usted de tonterías —contestó Juanete, sin decir
que la comida estaba ya pagada.

—Compadre, que nos van a llevar a la casilla.

—Hombre, no sea usted inocente. ¿Ve usted este gorro colorado?

—Sí que lo veo.

—Pues el que lo lleve puesto, bien puede ir a cualquiera
parte, seguro de que no han de cobrarle ni un maravedí.

—¿Es de veras lo que usted me dice, compadre?

—¿Pues no lo acaba usted de ver, alma de miércoles?

—Compadre, es menester que me venda usted ese gorro.

—Ni que usted lo piense, compadre.

—Mire usted, que le doy dos onzas por él.

—Ni que me diera usted cuatro.

—Compadre, ¿sirven dos mil reales?

—Si quiere usted gorro, ha de darme cuatro mil.

—Compadre, eso es muy caro.

4   Auténtico.

—Pues de ahí no bajo un ochavo.

—Venga usted por ellos, compadre.

Y los dos se fueron a casa de señó Juan Botija, que entregó a Juanete los cuatro mil reales, y se quedó con su gorro colorado, creyendo que con él tenía ya al rey cogido por un bigote.

Dejemos a Juanete, que reventando de risa, fue a buscar a su mujer, y entre los dos hicieron un hoyo al pie de una higuera, donde enterraron los cuatro mil reales, y vamos a señó Juan Botija, que con su gorro colorado encasquetado, y puesto encima el sombrero para no llamar la atención, se fue para la confitería, dispuesto a darse de rosita una atraquina de marca mayor.

Lo de merengues, lo de peras de dulce, lo de mazapanes y lo de almendrados que aquel buen hombre se metió en el cuerpo, no es para contado, sino para visto. Así que ya se lo tocaba con el dedo, le hizo un guiño a la confitera, se quitó el sombrero para dejar asomar el gorro colorado, y volvió la espalda. La confitera se echó a reír de aquellos telégrafos que no entendía, y dejó que se fuera con Dios, porque como era hombre de dineros, en otra ocasión podría cobrarle.

Malillo fue el negocio que hice yo comprando mi gorrito, decía señor Juan Botija, guardándolo bajo siete llaves, después de cepillarlo *por mor* de la polilla. ¡Ahí es nada el capital que se me entra por las puertas! Pues ¿dónde me deja usted ese tonto de Juanete, que por tristes cuatro mil reales me ha vendido esta mina de oro?

Y todos los días diarios iba a la confitería, se ponía reventando, echaba al aire el gorro colorado, y se iba sin pagar un cuarto. Pues, señor, que una noche en que señó Juan Botija se comía una batata que no le cabía en la boca, le dijo la confitera:

—Conque, don Juan, ¿Cuándo paga usted esa cuentecilla?...

Don Juan se quedó con la batata en la mano y la boca abierta, y por toda respuesta se quitó el sombrero, echando al aire el gorro colorado.

—No se asuste usted —replicó la confitera— que no es puñalada de pícaro.

—Pero, señora, ¿no ve usted el gorro que tengo puesto?

—Ya lo veo, que no soy ciega.

—Pues el que traiga puesto este gorro, no tiene que pagar nada, ni aquí ni en ninguna parte.

—Está usted loco, señor... ¿De dónde ha sacado usted eso?

—De cuatro mil reales que me ha costado el tal gorrito.

—Con lo que yo no tengo nada que ver.

—¿Sí?... pues espere usted ahí sentada a que venga yo a pagarle los dulces.

—¡Lo veremos!... ¡Pues no faltaba más, sino que estuviese aquí una pobre ganándose la vida, para que vinieran a robarla los señores de levita!

—¡Señora, señora, no me falte usted!... ¡los dulces que yo como están ya pagados!

—¡Mentira, mentira!

—¡Señora!

—¡Sí, señor, mentira, mentira podrida; y ha de ir usted a la cárcel por ladrón, o pierdo yo el nombre que tengo!

Señó Juan Botija pierde los estribos, echa mano a una batea de merengues, y se los estampa en la cabeza a la confitera: ésta chilla, se alborota el barrio, acuden los municipales, hacen que señó Juan Botija afloje los cordones de la bolsa, y me lo llevan a su casa para encerrarlo por loco.

Que si, como fue rico, hubiera sido pobre, duerme en la cárcel aquella noche.

III

Pues vamos a Juanete y a su mujer, que se iban poniendo gordos como pelotas, con los cuatro mil reales del compadre Juan Botija. La señá Catalina, que tenía más trastienda que un almacén de comestibles, y más intención que un toro de ocho años, había mercado en la recova dos conejitos blancos, iguales como los ojos de la cara: metió uno de ellos en un jaulón de cañas, y dando el otro a su marido, le cantó esta cartilla:

—En el punto y hora en que señó Juan Botija se nos entre por las puertas, coges este conejo, te escurres por la puerta del corral, y vas a esconderte en el estercolero de enfrente; y en cuanto veas que saco yo el del jaulón y lo dejo ir, te vienes para acá, teniendo mucho cuidado no se te escape el conejo que has de llevarte. ¿Estás impuesto?

—Ya está acá —contestó Juanete.

Pues, señor, que estaba éste una tarde tomando el fresco a la puerta de su sombrajo, cuando se ve venir al compadre Juan Botija, echando fuego por aquellos ojos, y con las narices más abiertas que un torillo osco. ¡Pies para qué os quiero! echa mano a su conejo blanco, se escurre por la puerta del corral, y va a esconderse en el estercolero de enfrente, mientras Catalina seguía cosiendo como si tal cosa, cantando para disimular:

Glorioso San Pantaleón,
santazo de cuerpo entero,

y no como otros santitos
que no se ven en el suelo.

—¡Dios guarde a usted, comadre! —dijo Juan Botija, apareciendo en la puerta con un garrote gordo como mi brazo.

—Venga usted con Dios, compadre.

—¿Dónde está el grandísimo pillo de su marido de usted?...

—Oiga usted, compadre, hablemos bien, que el hablar bien no cuesta dinero.

—¿Dónde está ese diablo de hombre?

—¡Avemaría Purísima, y qué alboroto! —replicó Catalina...—. Ha ido a la barbería y estará afeitándose.

—Pues allá voy...

—Espérese usted, hombre de Dios, y lo mandaré a llamar en un instante.

Y diciendo esto Catalina, saca el conejo del jaulón, lo agarra por el morrillo, y grita a las orejas del animalito:

—Anda corriendo a la barbería, y dile a tu amo que lo está esperando aquí su compadre.

Dicho esto, suelta al conejo en el suelo, toca dos veces las palmas, diciendo: «¡Ya estás de vuelta!» y el animalito empinó el rabo, se echó atrás las orejas, y apretó a huir como un cohete.

—¿Y volverá ese conejo, comadre? —preguntó Juan Botija, que con los ojos *poníos* y la boca *abría*, presenció toda aquella maniobra.

—¿Pues no ha de volver?... Usted verá como se viene para acá con Juanete, en cuanto le dé la razón.

En aquel momento apareció éste por el lado del pueblo, acariciando al otro conejo blanco; y señó Juan Botija, que tenía unos sentidos muy tupidos, lo tomó por el que poco antes había visto en manos de Catalina.

—¡Compadre, es menester que usted me venda ese conejo! —exclamó, yéndosele el santo al cielo, y sin acordarse ya del gorro colorado.

—Vaya con mi compadre, que es como *Mariquita Pantoja: todo lo que ve se le antoja.*

—Dos onzas le doy a usted ahora mismo, y me llevo el conejo.

—Ni que fueran cuatro.

—Compadre, mil reales.

—¿Da usted los mil y quinientos?...

—Vayan allá...

El señó Juan Botija soltó mil y quinientos reales, y con su conejo blanco agarrado por las patas, tomó el camino de su casa, rumiando para su coleto:

—¡Pues señor, hice un viaje a las Indias! Ya puedo ir despidiendo al farruco, que se lleva tres duros de salario y come como un sabañón, y quedarme solo con este mandaderito de cuatro patas, que con dos cuartos de lechuga y un jaulón de cañas, tiene casa y comida. ¡No; si soy yo tonto, y no sé dónde me aprieta el zapato!

Conforme llegó señó Juan Botija a su casa, le plantó al criado su salario en la mano y le dijo que se fuera con Dios. De seguida ata un paquete de billetes de banco al cuello del conejito, y le dice más serio que un cuarto de especies:

—Anda al Ayuntamiento; pregunta por el alcalde, y dile que ahí lleva el dinero de la contribución; y menéate, porque tienes después que ir al Banco a cobrar este recibito.

El conejo volvió las espaldas, y diciendo: «¡Anda que te coja un toro!» echó a correr para su madriguera, donde hizo con los billetes una camita, para siete conejitos chicos que al otro día le trajo la cigüeña; porque no era conejo, sino coneja.

Mientras tanto, señó Juan Botija, paseo arriba, paseo abajo, esperaba la vuelta del mandadero.

—Verá usted —decía asomándose a la ventana— si va a estar cerrado el Banco cuando llegue a cobrar el recibo.

Pero dieron las tres, y las cuatro, y las cinco, y el conejo no volvía: señó Juan Botija cogía moscas y se tiraba de los pelos.

—¡Ese pillo de mi compadre me ha engañado! —exclamó, echando mano a la escopeta, y tomando la escalera abajo.

Su mujer que le vio salir de aquella manera, se le agarró a los faldones de la levita, gritando:

—¡Juan, que te pierdes; que te pierdes, Juan!

Pero Juan, sin encomendarse a Dios ni al diablo, le descerrajó un tiro, que la dejó en el sitio sin que dijese ¡Jesús!, y apretó a correr para el sombrajo de su compadre.

—¡Compadre, vengo a matarlo a usted! —le gritó a Juanete, echándose la escopeta a la cara.

—Nos mataremos, compadre —replicó éste, agarrando con una mano la paleta y empuñando con la otra la navaja.

Catalina quiso meterse por medio; pero su marido le tiró una puñalada, y la pobrecita vino al suelo, gritando: «¡soy muerta!» y echando un mar de sangre por aquel pecho.

—Compadre, nos quedamos iguales —dijo Juan Botija, bajando la escopeta. Usted ha matado a su mujer y yo a la mía.

—Como quiera es el trabajillo que me costará a mí el resucitarla —contestó Juanete.

Y sacando del bolsillo una trompetita, pitó tres veces junto a la oreja de su mujer. ¡Hijo de mi alma, aquello fue como la trompeta del día del juicio!... porque al primer trompetazo abrió señá Catalina un ojo, al segundo el otro, y al tercero se puso en pie de un respingo, buena y sana, y entera y verdadera.

—¡Compadre, por el amor de Dios, deme usted esa trompetita! —exclamó Juan Botija, con los pelos en pie de susto.

—¡Que se vaya usted de aquí!

—Compadre, que si no me la da usted me llevan al *palo*.

—Pues fastídiese usted.

—Compadre, todo lo que tengo es suyo, si me da esa trompeta.

—Pues toma y daca.

El señó Juan Botija soltó cuanto llevaba encima, toma su trompeta y echa a correr hacia su casa, que el miedo le daba alas, mientras Juanete, que de risa se le rajaba la boca, sacó a Catalina del pecho una vejiga de carnero llena de sangre, que era donde le había tirado la puñalada.

Pues vamos a señó Juan Botija, que llega a su casa sudando como un pato, y se pone a tocar la trompetita junto a la oreja de su mujer. Pero ¡qué había de resucitar, si estaba más muerta que mi abuela!

—¡Bruto, rebruto! —exclamaba Juan Botija, dándose de puñetazos—. ¡Todo esto me sucede por tonto, retonto!... ¡Pero no se me escapará de esta hecha ese tunante ladronazo!

Y arrancándose cada mechón de pelo que parecía una zalea merina, coge un saco, se monta a caballo, corre a galope para el sombrajo de su compadre, y llega en el momento en que éste cenaba con su mujer.

—¡Ya caíste, gran pícaro! —exclama, echándole mano al gañote y zampándole en el saco, sin andarse con chiquitas: luego lo atraviesa en su caballo, y *hala, hala*, toma el camino del Tajo de Ronda, por donde pensaba despeñarlo.

Al llegar al Tajo ya se iba viniendo la noche encima, y Juan Botija puso a su compadre a la orillita, mientras iba él a dar un pienso a su caballo, y a echar un trago en un ventorrillo, que por detrás de una cortina de olivos asomaba la veleta.

No bien sintió Juanete por las pisadas que ya su compadre se había alejado, empieza a gritar:

—¡Pues, señor, que es fuerte cosa esta! ¡He dicho que no me caso con la hija del rey, y no me caso!

Y al cabo de un ratito añadía:

—¡He dicho que no me caso con la hija del rey, y aunque se empeñen frailes descalzos, no me caso con ella!

Y dale que le darás, no salía de esta canción.

Pues vamos a que un pastor que por allí cerca guardaba sus cabras, oyó las voces de Juanete, y pensando que aquello fuese una tropelía, le ayudó a salir del saco.

—¿Qué es lo que le pasa a usted, hombre? —le dijo.

—¿Qué me ha de pasar, señor?... que aquí me llevan en este saco a casarme con la hija del rey, y yo digo que no doy el sí aunque me hagan pavesas.

—¿Y dice usted que el que vaya en ese saco se casa con la hija del rey?

—¡Y que es bromilla!

—De modo que, si yo me voy dentro, me casaré con ella.

—¿Pues no le he dicho a usted que sí?...

—Compañero de mi alma —exclamó el pastor tirando el zurrón y el cayado—; quédese usted con mis cabras, que yo iré en lugar de usted a casarme con la hija del rey.

—Andando —replicó Juanete.

Y más pronto que la vista me mete al pastor dentro del saco, y echa a correr con las cabras, a tiempo que Juan Botija volvía del ventorrillo. Éste, que venía calamocano, se echa a cuestas el saco en que el pastor soñaba ya con coronas y palacios, y ¡*cataplum*! lo despeña por el Tajo abajo, gritando:

—¡Toma y vuelve por otra, grandísimo tuno!

Juan Botija se quedó mirando cómo el cuerpo del que él creía su compadre, iba dejando por entre aquellos pedruscos, aquí un brazo, allí una pierna y más allá la cabeza; y sin decir siquiera ¡que Dios te haya perdonado! porque tenía mala sangre, tomó el camino del pueblo.

La noche venía encima, y Juan Botija tiritaba más de miedo que de frío, porque sentía allá dentro un gusanillo, que era su propia conciencia, que le decía:

—¡Ah tunante! ¿para qué sirven el juez y el escribano, sino para hacer justicia?... ¡Asesino! ¡asesino!... Y allá, de los profundos del Tajo, parecía como si el eco repitiese también: ¡Asesino! ¡asesino!...

A Juan Botija se le pusieron los pelos de punta, y montó la escopeta, como si a aquella voz la hicieran callar las balas. Con más miedo que vergüenza iba el pobre hombre caminando por entre aquellas breñas, cuando al revolver de un atajo se topó de manos a boca con su compadre Juanete, que venía trayendo su zurrón al hombro y sus cabras por delante.

—¡Jesucristo! —exclamó señó Juan Botija, haciendo la señal de la cruz, por si era alguna aparición del otro mundo; pero Juanete le volvió el alma al cuerpo, diciendo:

—¿Qué tal el viaje, compadre?... Si como me tira usted por la izquierda, me tira por la derecha, en vez de cabras saco ovejas.

—¿Qué me cuenta usted?

—Lo que usted oye; ahora mismo me voy para el pueblo con mis cabritas, y van a estar feíllos los quesitos y los requesones que haremos mi Catana y yo.

—¿Me quiere usted hacer un favor, compadre?

—Mande usted —contestó Juanete.

—Pues tíreme usted ahora mismo por el Tajo abajo.

—Si usted se empeña...

Juan Botija sacó de las alforjas un saco, se metió en él, y a la una, a las dos, a las tres, lo echó a rodar su compadre por aquellos peñascos, donde fue a reunirse con el pastor hecho una tortilla, y donde pagó todas sus picardías.

En cuanto al tuno de Juanete, llegó montado en su caballo al pueblo, le echó la uña a todos los dineros de Juan Botija, y puso luego pies en polvorosa, huyendo de la justicia; pero como bienes mal adquiridos a nadie han enriquecido, en no sé qué camino le salieron unos ladrones, y me lo dejaron con el traje en que vino al mundo, después de darle una paliza, que de gusto se chupó los dedos.

Porque es tan fijo como el Sol que nos alumbra, que Su Divina Majestad se vale de los pecados de unos para castigar los pecados de otros, dejando al que no los paga aquí, que vaya a pagarlos allá. Así, Juanete fue el castigo de Juan Botija; los ladrones el de Juanete, y el *palo* el de los ladrones...

—Y así también —añadió la buena vieja, besándome en la frente y renovando el árnica de mi quemadura— la culpa de Juan Manuel ha castigado la de Luisito...

Yo me eché a llorar, perfectamente contrito: que harto me probaba el escozor de mis narices, cuán cierta era la profunda moraleja de doña Mariquita, y la airada sombra de don Pilitón se alzaba en aquel momento ante mi vista, mostrándome su rabo chamuscado, cual mostraba al rey Macbeth sus llagas, el pálido espectro de Duncan...

IV

De todos los actores de este drama, ninguno existe ya en el mundo. Mi amigo Juan Manuel murió en Inglaterra, víctima de sus habilidades, roto el espinazo contra el hielo del gran lago de Hyde-Park, por donde furiosamente patinaba. Doña Mariquita murió en brazos de mi madre, que le pagó así su abnegación y sus cuarenta años de servicios. Pilitón murió también, dejando dos herederas de su nombre: su hija Pilitona, y su nieta Pilitita.

Yo, que vivo todavía, he muerto también para el mundo: visto ya mi mortaja, y debajo de ella es donde busco estos recuerdos, para enseñarte, hijo mío, que Dios detesta el mal en cuanto es *culpa*; pero se sirve de él en cuanto es *pena*, para castigar los pecados de los hombres y las travesuras de los niños, con los pecados de otros hombres y las travesuras de otros niños. Jamás te irrites, pues, contra el enemigo que te dañe: que si el hombre, abusando de su libertad, es el que levanta la mano, Dios, usando de su providencia, es el que la dirige. Humíllate ante ese castigo paternal, que para corregirte te lastima, y repite con Miqueas: *Iram Domini portabo, quia peccavi ei*. «La ira del Señor sufriré, porque pequé contra él».

Las dos madres

A un antiguo discípulo en el día de la suya

(Ejemplo)

Hoy hace un año, mi querido X.••, que para celebrar el día de tu madre, te impusieron el escapulario de la Virgen Santísima. Quise que celebraras estas dos fiestas en un solo día, para que también reunieras en tu corazón estos dos santos amores, que han de salvar tu alma. Esta misma idea me hace recordarte hoy su aniversario, narrándote uno de esos ejemplos que llama la incredulidad *vulgaridades*, porque su vista miope no sabe descubrir la profunda enseñanza y la religiosa poesía que en ellos se encierra. Ni lo santo, ni lo grande, ni lo bello entran por el entendimiento: entran por el corazón, y por eso puse tanto empeño en enseñarte a *sentir*, para que supieses gustar estos placeres del alma.

Las cosas santas han de leerse con el mismo espíritu con que fueron escritas, y tu corazón todavía de niño sabrá comprender hoy estos renglones, tal como para ti los concibe el mío. ¿Pero será lo mismo mañana?... Cuida, hijo mío, de que al arrancarte el mundo las ilusiones, no se lleve detrás la fe de tu alma: cuida de que al leer este ejemplo que para ti escribo, con aquella dulce y triste previsión con que el desengaño prepara a la inocencia el camino del arrepentimiento, puedas repetir siempre lo que dijo un hombre célebre a quien la fe hizo en su juventud gran poeta, y el orgullo en su vejez gran impío:

> *Si quelque enseignement se cache en cette*
> *histoire,*

¿qu'importe?... Il ne faut pas la juger, mais la croire.[5]

Escucha ahora el ejemplo:

Había un condesito bueno como un ángel y noble como un rey, que era el orgullo y la esperanza de sus padres. Una educación brillante había perfeccionado los sentimientos de su corazón y las ideas de su mente, como perfecciona un barniz precioso los ricos tallados de una moldura. Habíale inculcado su piadosa madre una profunda devoción a la Virgen Santísima, cuyo escapulario traía siempre consigo. Llevábale cuando niño ante un altar de la Purísima, y le enseñaba a invocarla con el dulce nombre de Madre.

Así fue que el amor de esta Madre del cielo y el de su madre de la tierra, crecieron juntos en el corazón del niño, unidos y enlazados como dos áncoras de salvación que hubieran de salvar al mismo navío. Profesaba a la Virgen aquel amor tierno y confiado que le inspiraba su madre: amaba a ésta, con aquel respeto y veneración santa que infundía en su corazón de niño la imagen de María.

Pasó la niñez con su inocencia y llegó la juventud con sus devaneos. El joven Conde se separó de su madre, para ir agregado a una embajada, a una corte extranjera. Su corazón, abierto como una rosa a todos los impulsos de la brisa, de nada desconfiaba: poco a poco trastornó su cabeza la lisonja, y corrompieron su corazón el ocio y la opulencia.

Una a una se ajaron entonces sus creencias, y uno a uno se marchitaron sus sentimientos, como una a una caen también las hojas del azahar, perdidas ya su fragancia y su blancura. Solo quedó en su corazón el recuerdo de su madre y el recuer-

5 Si alguna enseñanza encierra esta historia,
¿Qué importa?... No es necesario *juzgarla*, sino *creerla*.

do de María, como queda en el fondo de la cala el lastre que salva a la nave del naufragio. Arrodillábase todas las noches junto a su lecho al tiempo de acostarse, y rezaba tres Avemarías a la Virgen Santísima, acabando con esta popular oración, que entre besos y caricias le había enseñado su madre:

Bendita sea tu pureza
y eternamente lo sea,
pues todo un Dios se recrea,
en tu graciosa belleza.
A ti, celestial Princesa,
Virgen sagrada María,
yo te ofrezco en este día,
alma, vida y corazón,
mírame con compasión,
¡no me dejes, Madre mía!

—¡No me dejes, Madre mía! —repetía siempre al dormirse el infeliz Conde; y una pena amarga y una angustia tristísima nacía entonces en su corazón, y crecía y subía en él, como en las mareas del mar, las olas amargas. ¡Era el remordimiento!

Mas al día siguiente volvía a sus devaneos, deslizándose sin sentir por esa resbaladiza pendiente, que del vicio conduce a la degradación, y de la degradación al crimen. Un día marchó a una gran partida de caza, acompañado por un amigo infame que le había perdido: sorprendioles en el campo una tempestad horrible, y hubieron de guarecerse en una venta. Acostose el compañero rendido por el cansancio, y el Conde le imitó, después de rezar con más vergüenza y amargura que nunca, su cotidiana oración a la Virgen.

Pareciole a poco que veía entre sueños el tribunal terrible en que juzga Jesucristo las almas de los muertos. Una acababa de ser condenada, y era la de su amigo. Vio entonces cómo era la suya conducida por la conciencia al pie del tribunal supremo: vio también a su madre que, postrada ante el juez divino, pedía misericordia para el hijo de sus entrañas.

Arrojó Luzbel sonriendo en la balanza eterna los innumerables pecados del Conde, y el platillo bajó rápidamente hacia el abismo. Los ángeles se cubrieron el rostro con las alas; la madre lanzó un gemido de angustia; Luzbel un grito de triunfo. El alma estaba perdida.

Apareció entonces María, con doce estrellas por corona y la plateada Luna a sus plantas. Postrose al lado de la Condesa en ademán de súplica, y colocó en el lado opuesto de la balanza, las tres Avemarías rezadas por el Conde. Mas no por esto cedió el platillo fatal de las maldades, y siguió con persistencia horrible inclinado hacia el abismo.

Tomó entonces María las lágrimas que derramaba la Condesa, y las puso en el platillo de las buenas obras; mas éste permaneció inmutable. Los ángeles gimieron de nuevo: la infeliz madre se cubrió el rostro con las manos, perdida ya toda esperanza. Volvió entonces María hacia el juez divino sus ojos purísimos, y dos lágrimas que de ellos se desprendieron fueron a unirse en el platillo salvador con el llanto de la madre y con la oración del hijo.

La balanza cedió al punto. Las lágrimas de sus dos madres, salvaron el alma del hijo extraviado.

Un trueno horrible despertó entonces al Conde. A dos pasos de su lecho, vio inerte en el suyo y carbonizado por un rayo, el cadáver de su amigo.

Periquillo sin miedo

(Cuento popular)

A Carlitos X••, ilustre general y revoltoso chicuelo

I

Una noche en que habías enredado más de lo ordinario, te cogí por la manita sin decir palabra, y te llevé al famoso torreón moruno, terror de los revolucionarios del Colegio. Por el camino me dijiste que habías pensado ser un general muy valiente, y que, por lo tanto, a nada temías.

La noche estaba más negra que suelen estarlo tus dedos al levantarte de escribir la plana, y no pudiste notar por eso la risa que tus futuros proyectos me causaron. Vínoseme al punto a la memoria cierto enanito que allá en los tiempos de mi niñez enseñaban por calles y plazas con el marcial apodo de *El general mil hombres*, y encontré gran semejanza entre tu diminuta persona y la de aquel émulo de Tom Pouce, que se exhibía por dos cuartos.

No se intimidó, sin embargo, mi sotana negra ante tus futuros entorchados, y viose aquella noche el espectáculo extraño y único en la historia, de un pobre jesuita arrestando a un general ilustre, en la lúgubre torre del Moro negro, que hace de los niños malos chuletas a la Papillote.

No sé si en la media hora que allí estuviste encerrado, te obsequiaría el Moro con algún plato de Alcuzcuz, o alguna pipa de legítimo hachisch. Yo, por mi parte, me volví al salón de estudio, diciendo para mis adentros:

—¿Y por qué este niño no ha de ser con el tiempo un general valiente?... Corazón tiene que le dé alientos: sangre ilustre

33

que le preste brillo... ¿Por qué no ha de empuñar algún día una espada que realce la gloria de sus abuelos, con nueva gloria por él adquirida?... ¿Acaso Alejandro el Macedonio, no era a la edad de este niño, como él lo es ahora, un pobre chicuelo? ¿Acaso Nelson no enredó en la escuela, antes de pronunciar el heroico *Vitory or Westminster abbey*,[6] que se ha grabado después en mármoles y bronces? ¿Por ventura Méndez Núñez no hizo alguna vez novillos, antes de dar en el Callao la noble respuesta que conserva en sus anales la marina española: *Más quiero honra sin barcos, que barcos sin honra?*...

Convencido quedé de que serás, si quieres, un general valiente, y espero ver algún día ceñida a tu lado izquierdo, sobre una faja roja, una de aquellas hojas toledanas, que llevan por lema: *No la saques sin razón, ni la envaines sin honor*... Empúñala entonces para gloria de Dios y de aquella Virgen bendita, a quien yo te he enseñado a llamar *Madre*. Empúñala en defensa del rey, con la misma buena fe con que tus labios de niño le encomiendan hoy a la clemencia divina. Pero jamás la vuelvas en contra de Dios aunque la impiedad te tiente y la ambición te empuje: jamás la vuelvas en contra del rey aunque la injusticia te persiga y te venza... Arrójala más bien a sus pies rota, pero limpia, y recuerda entonces lo que dijo siglos hace, el mejor tipo del buen caballero:

> ...venganza de vasallo
> contra el rey, traición semeja,
> y el sufrir los tuertos suyos,
> es señal de sangre buena.

6   «Venzamos o vayamos a reposar en Westminster». Palabras del almirante Nelson en la batalla de Trafalgar.

Sé, pues, si lo quieres, un general famoso; pero no saques de la faja y los entorchados, la ilógica consecuencia de que nunca has de ver la cara al miedo. Hay un miedo muy saludable que todo hombre ha de buscar para gran provecho suyo, y quiero yo ponértelo de relieve, contándote un cuento que hoy te hará reír... ¡Quiera Dios que mañana te haga *pensar*!

II

Las campanas de la parroquia repicaban la fiesta del Carmen, a impulsos del más travieso monaguillo que han registrado los fastos de sacristías y campanarios.

—¡Periquillo! —gritó de repente el señor cura al pie de la escalera de la torre.

—¿Mande usted? —contestó Periquillo sin dejar tranquilas las campanas.

—Baja corriendo.

A poco apareció Periquillo embutido en su sotana colorada.

—Llégate en casa del alcalde, y dile que mañana empieza la novena —le dijo el señor cura.

Periquillo dio media vuelta a la derecha sin decir palabra, y salió canturreando entre dientes su tonada favorita:

A vivir, a vivir...
¿quién en el mundo
me hará a mi huir?

Y como si quisiese probar su aserto con la provocación, descargó al mismo tiempo un soberbio puñetazo en la montera de un gallego que, apoyado en su cuba de aguador, dormía a la puerta de la iglesia.

—*¡Filho do demo!* —gritó el gallego despertando despavorido.

Pero Periquillo se había colocado ya al abrigo de una esquina, y con la sotana remangada y puesta por la cabeza, le sacaba la lengua cantando a grito pelado:

> Los jallegos de Jalicia
> cuando van a confesare,
> llevan la barrija llena
> de mendruguiñus de pane.

El cura dio una vuelta por la iglesia, que preparaban para la novena, y una hora después entraba en la sacristía a recoger el sombrero de teja y el manteo, para ir a la tertulia del boticario.

—¡Ah tunante! —exclamó al ver que ya de vuelta Periquillo, metía sus indiscretas narices en el tarro de conservas, que encerrado en una alacena, guardaba el señor cura para obsequiar a sus tertulianos. Y acercándose de puntillas, añadió dando al goloso un tremendo pescozón:

—*Dominus tecum!*

—*Et cum spiritu tuo!* —replicó con desparpajo el delincuente.

—¿Has comido, desgraciado? —le dijo el cura, fingiendo el mayor sobresalto.

—No, señor, que no me dio usted tiempo —replicó Periquillo, cuyas narices chorreaban almíbar, gracias al pescozón recibido, que se las hizo meter dentro del tarro.

—¡Algún santo rogaba por ti en el cielo, criatura! —añadió el párroco.

Periquillo sacó la lengua para recoger la gota de almíbar que amenazaba caer de sus narices, y al ver al cura tan azorado, se echó a reír descaradamente.

—¿Te ríes? —dijo el cura, que en vano quería asustarle—. ¿No sabes que eso es veneno para los ratones?...

—Pero no para los monaguillos.

—Es que se te caerán las narices —replicó el cura. Ese veneno es un atroz corrosivo.

—¿*Corrovivo?* —dijo Periquillo guiñando un ojo—. Pues si es cosa que mata, será más bien *corromuerto*...

—¡Calla con dos mil de a caballo, chilindrinero!... que ya se me va acabando la paciencia, y el día menos pensado te planto en la calle y te ajusto la cuenta.

—Mejor será que me la ajuste usted primero y me plante en la calle después.

—¿Callarás al fin? —replicó el cura impaciente—. Lávate ahí pronto.

Periquillo zambulló su picaresca cara en una jofaina, escamondándose la nariz con tanta fuerza, que la sacó o poco colorada como un pimiento.

—No estaría yo feo chato —dijo secándose con la manga de la sobrepelliz.

—¿Pero tú no tienes miedo a la muerte, muchacho? —exclamó el cura, a quien sacaba de quicio la calma de Periquillo.

—¿Miedo yo?... ¡Ojalá y lo encontrara!

—Ya lo encontrarás sin que lo busques.

—No esperaré a que venga, sino que iré yo a buscarlo.

—¿Qué dices?...

—Que en cuanto le coja las vueltas a mi madre, me marcho por esos mundos de Dios en busca del miedo.

—Tú estás loco, Periquillo —dijo el cura volviéndole la espalda.

—El que tenga ojos verá si estoy cuerdo —replicó el muchacho. Y echando a correr a pie cojito, se sentó a la puerta de la iglesia, cantando al mismo tiempo que con una piedra partía piñones:

> Ayer tarde
> fui a la huerta
> de mi tío Antón,
> cogí un pepinillo,
> me dio un pescozón.
> Por más que corría,
> mi tío volaba.
> ¡Ay, ay, con mi tío!
> ¡Qué palos me daba!

Y el travieso Periquillo se rascaba con una risita rabiosa, el sitio saludado por el señor cura.

Nada pudo, en efecto, apartar a Periquillo de su extraña determinación, de marcharse por esos mundos de Dios en busca del miedo: ni las lágrimas de su madre, ni los consejos y pescozones del señor cura, que por ser su padrino le tenía especial cariño, pudieron disuadirle de su propósito.

Ciñose un día un sable de caña sobre su sotana colorada, púsose en la cabeza un bonete del señor cura, a que había recortado los picos para imitar mejor un birrete, y con este gentil atavío se presentó a su madre, pidiéndole la bendición antes de ponerse en camino. Lloraba ésta y le suplicaba en vano que no la abandonase sola y desvalida, para poner en práctica un proyecto que en todas partes le acreditaría de loco o de necio.

—Sí —replicaba el muchacho a sus razones— tontillo es el hijo de mi padre. Métanme el dedo en la boca y tiéntenme las cordales, y verán si me ha despabilado Dios las luces del entendimiento.

Llorosa entonces la madre, fuese a un arcón viejo que bajo de la cama había, y sacó de él unas alforjas.

—Toma, hijo, estas alforjas —dijo entregándolas al chico—. Aquí están encerrados todos los vicios: los ajenos van en esta bolsa; los tuyos los he puesto en esta otra, para que puedas fácilmente examinarlos y corregirte de ellos.

Periquillo se echó las alforjas al hombro, dejando para detrás los vicios propios y poniendo por delante los ajenos, y salió de la casa paterna cantando como una calandria:

> En una alforja al hombro
> llevo los vicios;
> los ajenos delante,
> detrás los míos.
> Esto hacen todos;
> así ven los ajenos,
> mas no los propios.

Pues sin cuidarse para nada de éstos, pensó desde luego entretener la fatiga del camino, examinando cuáles y de quién eran los que en la bolsa de delante se encontraban.

Acercábase entonces el tiempo de Pascua, y a la caída de la tarde encontró Periquillo en el camino a un pavero, que con su caña en la mano, llevaba por delante una piara de pavos que pensaba vender el día de Nochebuena en un lugarejo vecino.

—¿Si vendrá el miedo entre estos animalitos? —pensó Periquillo.

Y por hacer sin duda la experiencia, desenvainó su sable de caña, y se entró por la piara, acuchillándola con más denuedo que alanceaba don Quijote el célebre rebaño de ovejas. Pero aunque sacó en la lucha un cañazo del pavero, que le hizo entrar el bonete hasta las orejas, y un valiente pavo le asestó tal picotazo en la nariz, que a poco más le salta un ojo, su ánimo quedó impávido, y vio con la sonrisa del triunfo cómo los enemigos huían a lo lejos, seguidos del pavero que corría tras ellos, intentando en vano ponerlos en formación. Periquillo adornó su bonete con las plumas que en la lucha quedaron diseminadas en el suelo, y se dirigió hacia una ventana vecina donde pensaba pasar la noche.

Al otro día muy de mañana emprendió de nuevo su camino, preguntando antes a la ventera, si sabía dónde se encontraba el miedo. Ésta miró sorprendida al diminuto personaje que tan extraña pregunta le hacía, y le respondió con sorna:

—Corre hacia adelante, que ya lo encontrarás.

—¿Y en qué he de conocerlo? —replicó Periquillo.

—En que entonces correrás hacia detrás.

Periquillo siguió su camino, repitiendo para no olvidarlas, las señas que le dio la ventera. De repente tropezó, al volver un vallado, con un hombre que azorado corría.

—¿Qué sucede, buen amigo? —preguntó marcialmente el monaguillo.

—¡Huye, muchacho! —contestó el hombre sin cesar de correr—. ¡Mira que anda en el camino un toro desbandado, con más cuernos que los cuernos de la Luna!...

—¡Esta es la mía! —exclamó Periquillo alborozado, y recordando el aviso de la ventera, corrió hacia adelante en busca del miedo.

Presentose a poco a su vista un toro negro, de feroz aspecto, que ligero como un rayo y dando atroces resoplidos, hacia él se dirigía.

Periquillo se plantó en mitad del camino, con la sotana en una mano y la espada de caña en la otra, dispuesto a derribar a la fiera de un diestro *mete* y *saca*. Pero el toro, que corría ciego de rabia por haberle picado la cuca, pasó junto a él sin mirarle, y el valiente monaguillo giró sobre los talones para verle ir, como el matador que, después del primer pase, queda a pie parado, sin que el susto le haga temblar, ni el miedo le perturbe.

—No está aquí el miedo —se dijo Periquillo, prosiguiendo su marcha.

Caminó todo aquel día y parte del siguiente sin que nada notable le acaeciera, y vino a sentarse al caer de la tarde, al pie de una copuda higuera que a la puerta de un cercado tendía sus ramas. Vio entonces a lo lejos levantarse una espesa polvareda que rápidamente se acercaba. Periquillo se puso de pie, desenvainando, por si el caso lo exigía, su sable de caña. Poco a poco fuese aclarando aquella nube de polvo, y pudo al fin distinguir a una partida de ladrones, que según noticias que la noche antes le dieron unos cabreros, asolaban la comarca.

Plantose Periquillo en mitad del camino, y no bien llegaron al alcance de la voz, gritoles con toda la fuerza de sus pulmones:

—¡Alto los ganapanes!

Pero los ladrones, que montaban magníficos caballos y huían a galope porque la guardia civil los perseguía, pasaron junto a él sin mirarle siquiera, y sin que el buscado miedo se posesionase, por lo tanto, de su ánimo esforzado.

No por esto se desanimaba el valiente monaguillo, sino que siempre perenne seguía atravesando ciudades, trasponiendo montañas y vadeando ríos, en busca del miedo, que jamás sintió, ni su corazón de bronce alcanzaba a comprender.

Sucedió, pues, que andando, andando y caminando sin cesar, llegó a una tierra extraña, cuyos habitantes mantenían encarnizada guerra con unos moros vecinos. Supo allí por algunos aldeanos los apuros en que se encontraba el ejército, a causa del número nunca disminuido del enemigo; pues no parecía sino que de cada moro muerto nacían dos vivos, para tomar armas y lugar en aquel inagotable ejército.

Y tan era así, que el rey había mandado a las tropas dirigir siempre sus golpes al cogote, por ver si descabezada la morisma, quedaba al fin agotada. Inútil fue, sin embargo, el remedio: presentábase diariamente el mismo número de enemigos, con la extraña particularidad de que los nuevos combatientes, tenían la misma fisonomía de los que quedaban muertos en el campo de batalla.

Hallábase acampado el ejército en la falda de un cerro, a cuyo frente se extendía un espesísimo pinar donde se ocultaba la morisma. Periquillo, que no se andaba por las ramas, se presentó a su real Majestad, ofreciéndole los servicios de su sable de caña. Riose el monarca al ver aquel diminuto personaje, y diciéndole como el camello a la pulga de la fábula: *Gracias, señor elefante*, le nombró ranchero mayor de todos sus ejércitos.

Alborozado Periquillo, tomó al punto posesión de su cargo, y empuñando una descomunal cuchara, cantaba vigilando los inmensos calderos en que cocía el rancho de los soldados:

El ranchero que muere en campaña
muere lleno de gloria y honor,
defendiendo las ollas de España,
las patatas, garbanzos y arroz.

Bien pronto se le presentó al valiente monaguillo el placer de entrar en batalla, en busca del apetecido miedo. Mandó el rey darle un equipo entero de cazador; pero Periquillo dijo como David al rey Saúl, que aquellas armas le venían grandes, y se aprestó para la lid llevando por todo armamento, una pequeña cachiporra y un cuchillo de cocina, que se ceñía en vez de sable de caña sobre las alforjas de los vicios, que por ser cosa tan maravillosa al mismo tiempo que recuerdo de su madre, jamás abandonaba.

Sonaron los primeros disparos, y Periquillo, ebrio de coraje, se entró por la morisma, sin que fuesen bastante a detenerle las balas de las espingardas morunas, ni el tronar de los cañones, ni el espantoso fragor del combate; distribuía a diestro y siniestro terribles porrazos en los tobillos de los moros, y hacíales caer en tierra: dábales luego con la porra en la mollera, y les cortaba después el pescuezo con el cuchillo de cocina, por cumplir en todo la consigna del monarca.

Quedaron derrotados los moros y sembrado el campo de cadáveres sin cabeza. Las tropas volvieron, sin embargo, silenciosas al real, como quien sabe haber trabajado en balde: constábales ya por experiencia que en la primera escaramuza habían de encontrar tantos enemigos, cuantos quedaban descabezados en el campo.

Periquillo, por el contrario, saltaba de gozo, y estuvo por dar un papirotazo al rey, para darle la enhorabuena; pero se detuvo prudentemente, al ver que su real Majestad se dirigía serio y cabizbajo a su tienda. Abriose, no obstante, paso entre el estado mayor que le seguía, y le gritó con desenfado:

—¡No se desanime su real Majestad, que aquí estoy yo para sacarle la púa a ese trompo!... ¡Malas viruelas me maten; si no hay aquí cosa de encantamiento!...

El rey no respondió palabra a Periquillo, y saliendo éste del real calladamente, volvió de nuevo al teatro de la lucha. Subiose a un árbol desde donde distinguía todo el campo cubierto de cadáveres, y se dispuso a observar desde su altura aquel lúgubre misterio, en cuya solución esperaba encontrar el tan buscado miedo.

Hallábase tendido boca arriba al pie del árbol un morazo muerto, que por ciertas insignias que llevaba, parecía ser pájaro de cuenta. Periquillo se entretuvo, para distraer el ocio, en echar escupitinas en la punta de la nariz del moro, calculando desde el árbol la puntería.

Llegó al fin la noche, y Periquillo, siempre alerta, preparó cuchillo y cachiporra, por si llegaba también entre sus sombras el miedo que buscaba. De repente vio venir a lo lejos una lucecita brillante como una estrella caída del cielo, que ora se alzaba, ora se bajaba, y en todas direcciones se movía.

Poco a poco fuese acercando aquella luz misteriosa, y pudo al fin Periquillo distinguir el bulto de una persona que a cada paso se inclinaba para buscar algo en el suelo, a la luz de una linterna que en la mano traía. Vio también al mismo tiempo que al pasar aquella fantástica sombra, dejaba tras de sí una larga hilera de muertos resucitados, que se volvían a su campamento tan sanos y enteros, como si nunca hubiesen sido descabezados.

—¡Jesús, María, José... Joaquín y Ana! —murmuró Periquillo desde su escondite—. ¡Tortas y pan pintado es junto a esto el milagro de San Dionisio!

Mientras tanto, seguíase moviendo el nocturno caminante hacia el árbol en que Periquillo se hallaba, y pudo al fin éste distinguir la diabólica fisonomía de una mora vieja, envuelta en un jaique oscuro con rayas de vivísimos colores, que caminaba llevando en una mano un farol y en la otra un puchero.

Deteníase de cuándo en cuándo ante cada moro muerto que encontraba; mojaba entonces una brocha en cierto líquido que el puchero contenía, y untando con él la cabeza y cuello del difunto, los pegaba y proseguía su marcha, mientras el moro se ponía de pie tan entero y verdadero, como si nunca hubiese estado sin cabeza.

Periquillo, al ver a la hechicera, se frotó las manos de gusto: preparó el cuchillo y enderezó la porra.

Inclinose la vieja sobre el cadáver del moro con que Periquillo se entretenía, y mojando la brocha en el puchero, diole la unción consabida. Pero cuando ya se preparaba para unir al tronco la cabeza, descargó Periquillo en la suya un tremendo porrazo, que vino al suelo boca abajo, estiró una pierna, luego otra, y sin encomendarse siquiera a Mahoma, quedó muerta en el acto. Periquillo se puso en el suelo de un salto, y arrancando el puchero de manos del cadáver, corrió al campamento atronando el aire con sus gritos.

Alarmáronse todos creyendo que el enemigo les atacaba por sorpresa, y corrieron los generales a la tienda del monarca, cuál descalzo, cuál sin morrión, cuál en mangas de camisa.

Conducido al fin Periquillo a la presencia de su Majestad, contó todo lo acaecido, presentando el puchero como testimonio de su hazaña. Pero ni el rey, ni los generales, ni siquiera los trompetas, tambores y rancheros, quisieron creer tamaño portento. Furioso entonces Periquillo, dijo al rey que se dejaría cortar la cabeza, con tal que luego se la pegasen con el maravilloso bálsamo.

Consintió el rey más por castigar la arrogancia del muchacho que por creer en el milagro del puchero, y uno de los generales le descargó tan recia cuchillada en el cuello, que saltó la cabeza sobre una mesa, y el cuerpo vino a tierra arrojando sangre a borbotones.

Azorados todos se avanzan al cuerpo unos, a la cabeza otros, al puchero los menos: untan con el bálsamo la tremenda herida, y uniendo ambas partes apresuradamente, recobra al punto el muchacho la vida. Pero en aquella precipitación habían pegado la cabeza al contrario, y el pobre monaguillo quedó con las narices para la espalda y la nuca para el pecho.

La risa que asomaba a los labios de todos quedó de repente paralizada, al ver la extraña mutación que se operó en el muchacho. Fijose su vista en las alforjas en que llevaba los vicios, y al ver ante sí el morral que contenía los suyos y que nunca hasta entonces había tenido ocasión de considerar, el terror imprimió en su rostro su característico sello: desencajáronse sus ojos, enronqueciose su voz, y huyendo de un lado a otro, gritaba a grandes voces:

—¡El miedo!... ¡El miedo!... ¡Ya encontré el miedo!...

Y así era en efecto: la contemplación de sus propios vicios que hasta entonces había evitado, bastó para inspirarle aquel miedo que buscaba y que ninguna cosa del mundo, ni aun el horror de un combate sangriento, había podido despertar en su alma de hierro.

—Aprenda, pues, mi futuro general, a combatir a los enemigos de dentro antes que a los de fuera. Mira, Carlitos, que si registras bien las alforjas de tu corazón, encontrarás ese miedo saludable que lleva a la humildad, por el camino del propio conocimiento: *¡El miedo de sí mismo!*

La camisa del hombre feliz

A Manolo, colegial en Chamartín de la Rosa

I

Quieres que escriba un cuento *para ti solo*, y voy a complacerte. Una cosa te pido, sin embargo; no mires solo en estas líneas un recuerdo de quien te quiere mucho; mira también una lección de quien se interesa por ti más todavía.

Eres rico y noble, y te ha dado Dios un claro talento; pero cree, Manolo, que ninguna de estas cosas hacen la vida más *feliz* ni más *buena*. Solo tu corazón podrá proporcionarte la dicha, si lo conservas como hasta ahora, generoso y bueno. Dijo un poeta, que era al mismo tiempo pensador profundo:

> En mí tengo la fuente de alegría
> siempre la tuve... ¡Yo no lo sabía!

Sábelo, pues, desde ahora, y no lo olvides nunca. Así no tendrán que enseñarte los desengaños, con penas y lágrimas, la profunda verdad que este cuento te enseña riendo. *El corazón que nada desea ni teme, es el solo que posee la dicha.*

II

No sé si leí este cuento, ni recuerdo tampoco si me lo contaron, o si lo soñé quizá en alguna de esas noches de pesadillas y de insomnios, en que la imaginación emprende viajes, semejantes al de De Maistre alrededor de las paredes de su cámara.

Es lo cierto, que allá en los tiempos de Mari-Castaña, reinaba en la Arabia Feliz el rey Bertoldo I, llamado el Grande por ser el más gordo de los monarcas de su dinastía. Era su real Majestad un grandísimo haragán, que pasaba la vida tendido a la larga, fumando *hachisch* y *Latakia*, mientras sus esclavas le espantaban las moscas con abanicos de *marabú*, y sus esclavos le cantaban al son de añafiles y chirimías en lengua del Celeste Imperio:

Maka-kachú, Maka-kachú
Sank-fú, Sank-fú
Chiriví kó-kó

Sucedió, pues, que este *dolce far niente* le ocasionó a su Majestad una enfermedad extraña, que de nadie era conocida. Porque cree, Manolo, que la ociosidad todo lo corrompe: el agua estancada se pudre, el hierro se enmohece, la inteligencia se embota, el corazón se seca, el alma se envicia y se pierde. Hízose entonces un llamamiento general de médicos, y acudieron muchos en tropel a la Corte, no sin gran disgusto de la muerte, que a todos los tenía ocupados.

Un doctor alemán, discípulo, o mejor dicho, antecesor de Hanneman, dijo que su Majestad corría grave riesgo de la vida si no diluía tres glóbulos de *pulsatilla* en una tinaja de agua, y tomaba cada siete años una dosis en el rabo de una cuchara; porque era a su juicio aquella enfermedad el terrible *schemarowot*, que se apodera en Sajonia de todo el que no quiere trabajar.

A esto replicaba Mr. Hall, graduado en Oxford, que aquella dolencia se llamaba en inglés *spleen*; que era hija de las nieblas del Támesis, y que los hijos de la blanca Albión curaban radicalmente de ella, levantándose la tapa de los sesos de un pistoletazo.

Un galeno parisiense, que se rizaba el pelo y citaba a Paul de Kock, opinaba que aquella enfermedad no era otra sino el peligroso *ennui*, y recetó a su Majestad los bailes de Mabbille y la música de Offembach.

Llegó en esto un médico gallego, hombre de saber y de pulso, y dijo que a su Majestad se le *había caído la paletilla*, y que no hallaba otro remedio sino uncirle a un buen arado, y sacudirle las moscas con una traílla de cuatro ramales, en vez de espantárselas con plumas de marabú; porque el palo, y no los aforismos de Hipócrates y Galeno, era a su juicio el mejor antídoto contra las desganas en el trabajar.

Pusiéronse en práctica las recetas, excepto las del inglés y el gallego, que por ser harto radical la una y demasiado áspera la otra, fueron rehusadas por el monarca. Mas su Majestad empeoraba de día en día, y viose al fin a las puertas de la muerte.

Hiciéronse entonces rogativas públicas a la usanza de la tierra, afeitándose los varones la ceja izquierda, y las hembras la derecha; porque es achaque de creyentes y de idólatras, no acordarse de Dios hasta que les abandonan los hombres.

Publicose al mismo tiempo un bando, ofreciendo la lugartenencia del reino a cualquier hombre o mujer que presentase un régimen curativo capaz de volver la salud al regio enfermo. Mas nadie se presentaba en Palacio, y los cortesanos más sagaces abandonaban ya las antecámaras del moribundo Bertoldo I, para probar las del futuro Bertoldo II.

Ya parecía perdida toda esperanza, cuando una tarde apareció en la capital, como llovido del cielo, un hombrecillo montado en un burro sin orejas, más ligero que Alborak, la yegua de Mahoma. Traía en las alforjas el Talmud, y en la mano un paraguas de algodón encarnado, con que se resguardaba de los ardientes rayos del Sol.

Apeose a las puertas del Palacio, y dijo que era un médico israelita que se ofrecía a curar al rey. Salieron a recibirle los grandes del reino, cuyas cabezas peladas presentaban a lo lejos como un inmenso panorama de melones blancos. Precedido por tres heraldos llegó a la cámara regia; una media luz reinaba en ella; sobre un estrado que cubrían una alfombra de Estambul y ricos tapices de Persia, había un lecho de nácar, con cortinas de púrpura de Tiro.

Allí reposaba boca arriba el moribundo rey Bertoldo, cuyos fatigosos resoplidos hacían oscilar de cuándo en cuándo la lámpara de alabastro que iluminaba la estancia. Sobre el gorro de dormir tenía puesta la corona de oro, porque así lo mandaba la etiqueta de la corte; la palidez de su rostro, y lo abultado de sus mofletes, le daban a cierta distancia el extraño aspecto de una calabaza coronada. Levantaba su abultado abdomen la rica cachemira que cubría el lecho, y sentado sobre esta eminencia el gato favorito de su Majestad, contemplaba gravemente la agonía del gran Bertoldo I, murmurando algunas sentencias de Plutarco en su libro *De sera numinis vindicta*.

Examinó el médico detenidamente el pulso del monarca, y ejecutó sobre él extraños signos; clavole luego en la cabeza una fuerte zanca, sin que el paciente diese muestras de vida.

—Su Majestad tiene la cabeza huera —dijo el israelita.

Clavole después la zanca en el corazón, y el rey no hizo el menor movimiento.

—Su Majestad tiene el corazón de corcho —añadió entonces el médico.

Pinchole de nuevo ligeramente en la boca del estómago, y su real Majestad dio un berrido más agudo que las últimas notas de una escala cromática. Crujieron los artesonados de ébano y oro del techo; los guardias espantados chocaron entre sí sus armas; los heraldos cayeron boca abajo gritando: «¡Solo Alá es grande!»; el gato de su Majestad huyó con la cola erizada; los grandes del reino sintieron también erizarse en sus coronillas el hopito de pelo que las adornaba. Solo el israelita permaneció impasible.

—Su Majestad ha trabajado mucho con el estómago —dijo.

—La Sabiduría habla por tu boca —respondió el primer ministro.

Consultó entonces el médico un libro extraño de vivísimos colores, en que se veían pintados los signos del Zodiaco. Trazó en él círculos misteriosos y caracteres indescifrables, y declaró al fin que su Majestad moriría sin remedio, si antes de que llegase al plenilunio el cuarto creciente de la Luna, no se le había vestido la camisa de un hombre feliz.

Creyeron los palaciegos facilísimo el remedio, y abandonaron las antecámaras del futuro Bertoldo II, para volver a las del presente Bertoldo I, en cuyas sienes veían de nuevo afirmarse la corona. Sintiose el mismo monarca más aliviado con esta esperanza, y pudo merendar aquella tarde tres gazapitos y un pavo, con algunas otras chucherías; lo cual publicó en un suplemento la *Gaceta de la Corte*, que insertaba diariamente, como artículo de fondo, el *menú* de su Majestad.

Mientras tanto, el médico israelita se escurrió sin decir palabra, y recitando versos del Talmud, tomó el camino del Sinaí, desde cuya cumbre pensaba divisar al Mesías que esperaba.

Convocó el gran visir aquella noche al Consejo de Estado, para determinar si la camisa se había de poner a su Majestad sucia o limpia, bordada o lisa, con tirillas a la Valois, o con cuello a lo *Currito Cúchares*. La discusión fue animada; alborotáronse los consejeros, dijéronse *Raca*, y hubieran quizá llegado a las manos, si un consejero viejo, cuyo hopito encanecido acusaba su larga experiencia, no hubiese interrumpido el debate, preguntando a los consejeros cuál de ellos era el hombre feliz que había de suministrar la camisa, cuyas cualidades se discutían.

Turbáronse todos a tal pregunta, y unos en pos de otros abandonaron el salón, sin responder palabra, porque ninguno creía a su camisa capaz de producir tan maravillosos efectos. Mandó entonces el gran visir echar un pregón en la plaza, ordenando a todos los hombres felices de la capital, que se presentasen en Palacio; mas ninguno acudió a la cita, y la Luna crecía poco a poco, como si quisiese contemplar en todo su esplendor la agonía del monarca.

Publicose entonces el mismo bando en las ciudades, en las aldeas y hasta en los caseríos; pero todo fue en vano. Desesperado el visir, porque con la muerte del rey Bertoldo se le escapaba la privanza, salió en persona a buscar por todo el imperio el remedio indicado; pero en vano recorrió desde el mar Bermejo hasta el golfo de Persia, y llevó sus pesquisas hasta las escarpadas montañas de la Arabia desierta. El hombre feliz no parecía; ¡ninguno creía serlo en la nación que llevaba por nombre este hermoso título!

Ya de vuelta, sentose el visir al pie de una palmera, rendido por el cansancio. Su camello daba resoplidos, anunciando el simoun del desierto; a lo lejos veíanse montes de arena que se movían y se levantaban como torbellinos de fuego. Asustado el visir se refugió en una cueva que vio a lo lejos junto a un otero: allí encontró a un pastor anciano, que le ofreció dátiles y un odre de agua.

—¿Qué buscáis en esta soledad? —preguntó al magnate.

—Busco al hombre feliz, que no he hallado en la Corte —replicó irónicamente éste.

—Alá es grande —repuso con gravedad el viejo—. El leopardo del desierto —añadió poniendo su mano sobre el pecho, gusta en su cueva lo que no tiene en su palacio el caudillo de los creyentes.

—¡Tú! —exclamó el visir estupefacto. ¿Tú eres feliz?...

—¡Alá es grande! —repitió el viejo.

—¿Pero cómo eres feliz en esta cueva?...

—*Porque ni deseo otra, ni temo perder esta.*

—¿Pero dónde encuentras tu dicha? —preguntó el visir, que no comprendió la profunda respuesta del viejo.

—Dentro de mí mismo.

El visir, alborozado, arrojó a los pies del pastor un saco de zequíes, y le pidió su camisa. El anciano abrió sonriendo el sayo de pieles que le cubría, y... ¡oh sorpresa inesperada! ¡oh desengaño cruel!...

¡El hombre feliz... no tenía camisa!...

Las tres perlas

(Leyenda imitada del alemán)

Había en un pueblecillo de Sigmaringa un matrimonio, feliz en su pobreza, que amaba a Dios practicando sus mandamientos. Acercábase el día de Navidad, y Groetchen y Hans Wit, que estos eran sus nombres, quisieron festejar a su hija Zela con un primoroso *árbol de Pascua*: contaba la niña tres años, y era el único fruto con que había bendecido Dios la unión de aquel feliz matrimonio.

En la tarde del 24 de diciembre salió Hans Wit al bosque, a cortar la rama de abeto en que habían de colgarse con lazos, flores y luces, los juguetes que enviaba a Zela el Niño Jesús, en la noche de su nacimiento. Había caído una fuerte nevada, y caminos y veredas desaparecían bajo una espesa capa de nieve, que cubría toda la campiña como un blanco sudario.

Hans Wit caminaba rápidamente, sonriendo al pensar en la sorpresa que a su querida Zela preparaba; mas de repente resbala su pie en una roca del camino, y cae rodando en un despeñadero, por cuyo fondo corría un torrente. Tres aldeanos que le vieron caer se precipitaron en su auxilio, pero ya era tarde; y la furia de las aguas, aumentada por una terrible avenida, arrastró el cuerpo del desgraciado, que pronunciaba a gritos el nombre de Jesús, y se abrazaba con la rama de abeto como con el último recuerdo de su hija.

Mientras tanto, inquieta Groetchen por la tardanza de su esposo, había hecho acostar a Zela, prometiéndole que una hora antes de las doce la despertaría, para recibir los regalos del divino Niño. Dormía ya Zela, sonriendo entre sueños al Niño Jesús, que con tanta impaciencia esperaba, cuando el señor cura y algunos parientes de Hans Wit anunciaron a Groetchen la terrible desgracia. La pobre madre cayó de rodillas junto a la cuna en que reposaba su hija, tan ajena de que iba a despertar huérfana. Las lágrimas de Groetchen caían silenciosamente sobre el rostro de la niña: esta triste impresión hizo a Zela abrir los ojos. Levantó entonces la cabecita, y preguntó sonriendo a su madre:

—¿Es ya Nochebuena?...

—¡Nochemala, hija mía, nochemala! —respondió amargamente la madre.

La sonrisa desapareció del rostro de la niña como un relámpago: fijó los ojos por largo tiempo en el semblante de su madre, y apartando la mano de ésta que le presentaba algunas grotescas figuritas de barro, que debieron de adornar el árbol de Pascua, dijo secamente:

—*No quiero*...

Luego escondió el rostro en el seno de su madre, y rompió a llorar, no con ese llanto estrepitoso de la infancia, sino con aquel otro llanto callado de la edad madura, que hace surcos en las mejillas... ¡Su tierno corazón había adivinado que era ya huérfana!...

Con la muerte de Hans Wit huyó para siempre la felicidad del hogar de Groetchen. El dolor minaba lentamente la salud de ésta, y falta de fuerzas para trabajar, veía desaparecer poco a poco sus pobres ahorros. Cuando flaca y macilenta se dirigía al mercado de la aldea en busca de un sustento menos que miserable, solían decir las vecinas.

—¡Poca vida le queda a Groetchen!... ¿Qué será entonces de la pobre Zela?...

Ésta se había desarrollado física y moralmente, y endulzaba con su cariño las penas de su madre. Ocupaba en la escuela el primer puesto, y el día del santo de Groetchen le presentó ruborizada y con los ojos bajos, una primorosa randa y unos calcetines de lana, obra de sus manos.

Dos gruesas lágrimas se escaparon de los ojos de la pobre viuda: estrechó contra su pecho la cabeza de la niña, y le dijo al oído:

—Dios bendiga tu trabajo, hija mía; pero no olvides nunca que la verdadera sabiduría está en amar a Dios, y que el mejor trabajo es el que la virtud santifica.

Zela guardaba en su corazón las palabras de su madre, e imitando sus ejemplos, crecía en virtud al mismo tiempo que en hermosura. Era su belleza grave y severa; sonrosado el color y rubios los cabellos; la mesura y modestia de su rostro parecía más que humana, y sus grandes ojos azules parecían tener algo del cielo, además del color y de la pureza.

Acercábase ya el tiempo en que Zela había de recibir por primera vez la sagrada Comunión. La víspera de aquel gran día Zela acudió a la iglesia con sus compañeras, para oír de boca del señor cura las últimas instrucciones y recibir a sus pies el Sacramento de la Penitencia.

Todas aquellas niñas, hijas de labradores acomodados, preparaban para el siguiente día un cinturón azul y un vestido blanco; solo la pobre Zela había de llevar sus piececitos descalzos, y no podía sustituir con otro su negro y remendado traje de huérfana. La pobre niña sintió que una sombra de tristeza se deslizaba entre los santos pensamientos que embargaban su corazón, como se desliza una serpiente venenosa entre las flores de un prado. Volviose asustada a la Virgen, y con las manitas cruzadas le pidió su auxilio.

Aquella noche al acostarse dijo a su madre:

—¡Qué mala soy, mamá!... Esta tarde deseaba en la iglesia ir a comulgar mañana con un vestido blanco, como las demás niñas...

Groetchen le respondió tristemente:

—Desear un vestido blanco no es malo, hija mía... Envidiarlo y entristecerse porque las demás lo tienen, sí sería un pecado.

—Yo estoy alegre —replicó Zela, fijando en Groetchen su pura mirada—. ¡Pero es tan bonito un vestido blanco y un cinturón celeste!...

—No te avergüences de ser pobre, hija mía —dijo la madre besándola en la frente—. ¿No ves que el Niño Jesús lleva como tú los piececitos descalzos?... Su túnica es morada, y, solo lleva por cinturón una cuerda de esparto...

Zela rezó por el alma de su padre, y se durmió tranquila con sus manos entre las manos de su madre. Ésta permaneció largo tiempo velando su sueño, y le oyó murmurar sonriendo dulcemente:

—También el Niño Jesús lleva los piececitos descalzos... Su vestido es morado, y está como el mío, lleno de remiendos...

Poco a poco le pareció a la niña que la transportaban en sueños al pie de un viejo manzano que crecía a la espalda de la casa. Hallábase recostado en el tronco un hermoso Niño, más bello que los ángeles; su túnica blanca esparcía un resplandor vivísimo, que sin ofender la vista la deleitaba, y la fragancia de su aliento era más suave que la brisa de un campo de violetas. En sus pies y manos se veían señales de llagas, y pendía de su cuello un collar de oro puro, con tres perlas que parecían haber robado sus colores al mismo arco iris; era la una verde como la primera yerba; roja la otra como un rubí encendido, y azul la tercera como el cielo en día despejado.

Zela buscó la manzana más hermosa que había en el árbol, y la presentó de rodillas al Niño. Colocó éste la mano sobre la cabeza de la huérfana, como para bendecirla, y tomó sonriendo la manzana que le ofrecía. Zela sintió al contacto de aquella mano herida, que todo su ser se transformaba en el ser de aquel Niño divino; vio trocarse su harapiento vestido en una túnica blanca como la nieve, y vio brillar sobre su pecho un collar de tres perlas, en todo semejante al que adornaba el cuello del Niño. Al mismo tiempo resonaron en el aire los acentos de una voz dulce como las notas de un arpa, que cantaba:

El vestido del alma justa
es la Fe, Esperanza y Caridad.

Zela sintió en su corazón una delicia desconocida, y despertó violentamente en su cunita de pajas; a sus pies dormía la pobre Groetchen, con la cabeza reclinada en el vestido remendado de la niña. El crepúsculo de la mañana alumbraba suavemente la estancia, y las campanas de la iglesia anunciaban ya la alegre fiesta, haciendo resonar en lo alto las alabanzas del Señor.

Zela notó asustada que una palidez cadavérica cubría las facciones de su madre, y que su respiración se asemejaba a un gemido. Sacudiola por un brazo, mientras decía con angustia:

—¡Madre!... ¡Madre!... ¿Qué tienes?

—Nada, nada —replicó ésta despertando sobresaltada—. Vamos a la iglesia, que ya las campanas nos llaman.

Y procurando levantarse, volvió a caer pesadamente en la camita de su hija.

—¿Estás mala, mamá?—exclamó Zela arrodillándose a su lado... Quédate aquí y no salgas... Yo iré sola a la iglesia, y cuando venga a mí el Niño Jesús le diré que te ponga buena.

Y al decir esto, la pobre Zela lloraba amargamente.

—¡No es nada, hija mía! —dijo Groetchen, levantándose al fin; vamos a la iglesia, que no quiero privarme de la mayor dicha de mi vida.

Y apoyándose la una en la otra, se dirigieron ambas al templo. Era éste humilde y modesto como los habitantes de Sigmaringen: un sencillo altar se elevaba en medio, sirviendo de trono a la imagen de María: rodeábanla por todas partes guirnaldas y ramos de flores, y seis hachas de cera se consumían ante el Santísimo Sacramento, como se consumen ante Dios las almas que de veras le aman.

Las niñas que habían de comulgar hallábanse enfiladas a lo largo del presbiterio, luciendo todas vestidos blancos y cinturones celestes. Zela se adelantó con sus piececitos descalzos y su vestido remendado, a tomar puesto entre ellas. Sus ojos bajos y sus manos cruzadas sobre el pecho le daban el aspecto de un ser celeste.

Llegó al fin el momento solemne: el órgano dejó oír los acordes del *Pange lingua*, y las nubes de incienso se elevaron, como si indicasen a la oración de las niñas el camino del cielo. Zela se adelantó también para recibir a Jesucristo, y todos vieron entonces compadecidos, sus pies descalzos y su vestido negro.

Groetchen, orando fervorosamente, la seguía con la vista; de repente los ojos de la pobre viuda se dilataron como para ver mejor, y se llevó ambas manos al corazón como si refluyese allí su vida entera. Había visto a Zela recibir al Señor, cubierta con una túnica blanca, cuyo brillo asemejaba a telas de araña los blancos vestidos de sus compañeras. En su pecho brillaba un collar de oro purísimo, y pendían de él tres perlas, azul la una, verde la otra y roja la tercera. Groetchen extendió los brazos hacia el altar, y exclamó llena de júbilo:

—¿Quién ha vestido a mi hija, como el alma después de la Resurrección?...

Luego cayó con la cara en tierra, para no volverse a levantar nunca... Algunas vecinas recogieron el cuerpo inerte, y lo llevaron a su casa.

Cuando Zela salió de la iglesia, ignoraba aún la muerte de su madre: sin duda, por premisión divina, nadie se había acordado de la pobre huérfana. Un hermoso Niño estaba sentado a la puerta, sobre una piedra saliente: apoyaba su cabeza en una cruz, como descansando en ella; y su cabello, tendido a la espalda, se partía en la frente al modo de los nazarenos.

Zela reconoció al mismo Niño que había visto en sueños sentado a la sombra del manzano. Sus atavíos eran, sin embargo, muy distintos: una túnica morada remendada y vieja cubría su cuerpecito, y la cuerda de esparto que ceñía su cintura, daba vuelta a su cuello, blanco cual el de un cisne, y lo desollaba cruelmente. Zela quedó absorta al verle, y observó con extrañeza, que hombres y mujeres pasaban cerca de él y no le miraban.

El Niño fijó en Zela sus hermosos ojos llenos de lágrimas, y le preguntó dulcemente:

—¿A quién buscas, pobre Zela?

—Busco a mi madre —replicó la niña, poniéndose, sin saber por qué, de rodillas.

—Ven conmigo y la hallarás —dijo el Niño.

Y cargando sobre sus hombros la cruz en que se apoyaba, comenzó a caminar en silencio. Marchaban uno en pos de otro ambos niños, serios y tristes, llevando él su sayal de penitencia, y vistiendo ella su humilde traje de huérfana.

Poco a poco la senda se estrechaba, y agudas zarzas y espinos herían los pies descalzos de los dos caminantes. Sufría el Niño sin quejarse, y dejaba correr la sangre sin dar muestras de quebranto: Zela, por el contrario, extendía sus manitas para agarrarse a las rocas del camino, y exhalaba gemidos de dolor. Volvió entonces el Niño hacia la huérfana su rostro hermosísimo, y dijo con mansedumbre infinita:

—Pon tus pies en mis pisadas, y no desfallecerás.

Zela siguió el consejo de su guía, y aunque el dolor martirizaba su cuerpo, la fortaleza no desamparaba su alma. A veces desaparecía el Niño, y Zela seguía sus huellas sangrientas, llena de congoja; mas pronto tornaba a verle ante sí, y cesaba al punto su sobresalto.

De repente se encontró perdida en un espeso bosque, cerrado por todas partes. Al pie de un roble secular, se hallaba sentado un joven de buena apariencia; tenía en la mano un libro, que leía atentamente. Una escéptica sonrisa entreabría sus labios, y veíanse en su frente ya marchita, las huellas del vicio. Un gigantesco búho graznaba de cuándo en cuándo en la copa del árbol.

El joven arrojó al fin el libro en que leía y, gesticulando desesperadamente, blasfemó de Dios.

—¿Qué es la fe? —se decía— y ¿dónde podré hallarla?...

Aterrada Zela, cayó de rodillas y oró por aquel hombre. El búho graznaba aún más lúgubremente.

—Gocemos hoy, si hemos de morir mañana —prosiguió el joven dirigiéndose a la salida del bosque.

Arrodillada Zela en mitad del camino, le cortó el paso.

—¿Quién eres? —exclamó el impío deteniéndose ante ella. Y fijando en el pecho de la niña sus ojos asombrados, añadió:— Dame, dame, ángel de Dios, esa perla azul que llevas al cuello, y recobraré la fe que perdí en los caminos del mundo.

Atónita Zela llevó su mano al pecho, y no encontró allí perla ninguna.

—Tómala tú si quieres —dijo, sin comprender las palabras del joven.

Sintió entonces que aquel hombre sacaba de su pecho una perla, celeste como el cielo: llevola el descreído a sus labios con emoción profunda, y cayendo de rodillas, bendijo el nombre de Dios. El búho lanzó un graznido terrible, y huyó de allí haciendo resonar sus pesadas alas.

Zela comprendió entonces la excelencia de la fe.

Entretanto una densa niebla había envuelto la comarca: Zela caminaba a tientas, buscando en el suelo las huellas sangrientas del Niño misterioso. Un triste lamento llegó a sus oídos, y despavorida la huérfana aligeró el paso en aquella dirección, porque también en aquella dirección se descubrían las huellas del Niño. Hallose a poco frente a una cabaña miserable pegada a la roca. Una niña de pocos años sollozaba amargamente, con la cabecita apoyada en el umbral de la puerta.

—¿Por qué lloras, niña? —preguntó Zela también llorando.

—Papá se ha muerto y no responde —contestó la niña sin cesar en su llanto.

Zela entró en la cabaña, y un espectáculo terrible se ofreció a su vista. Sobre un montón de paja yacía aún caliente el cadáver de un hombre: cinco niños pequeñitos lloraban en torno, y una mujer sentada a la cabecera arrimaba a sus pechos, secos por el dolor, otro niño recién nacido.

Zela notó en todas aquellas fisonomías, desfiguradas por el pesar, un destello de la belleza del Niño que la guiaba: por eso las lágrimas acudieron a sus ojos, impidiéndola notar la impresión que causaba su presencia en aquella miserable estancia, donde nada disimulaba el horror de la muerte. Cesó el llanto de los niños, y la pobre viuda se arrojó a los pies de Zela, exclamando fuera de sí:

—¿Quién sois?... ¿Sois el ángel de mi marido que viene a traerme consuelos?... ¡Ah! dadme esa perla roja que brilla en vuestro pecho como una brasa ardiendo, y mis hijos tendrán pan, y mi pena tendrá alivio, y el alma de mi marido tendrá descanso eterno...

—¡Tomad, tomad mi corazón si ha de remediaros!... —exclamó Zela, presentando su pecho a la viuda.

Arrancó ésta entonces del pecho de la niña una perla, roja como un rubí, cuyos brillantes resplandores comunicaron a la cabaña un tinte de consuelo.

—¡Qué dulce es amar a Dios en los hombres! —exclamó Zela enjugando las lágrimas a los niños, y al mismo tiempo, una luz divina hacía comprender a su alma la hermosura de la caridad.

Al salir de la cabaña siguió Zela una estrecha senda, que descendía rápidamente por la ladera del monte. Un fuerte vendaval había desunido la niebla, cuyos restos quedaban agarrados entre los árboles, como los jirones de un traje de gasa.

Poco a poco desaparecieron los árboles, y quedaron atrás los prados del valle y la verdura de la montaña: un inmenso desierto de arena se extendía por todas partes, yendo a perderse en el horizonte, como un mar de fuego. Un viento abrasador cortaba la respiración, y levantaba espesos remolinos de arena, bramando a intervalos como un demonio encadenado. Zela sintió que una angustia terrible oprimía su corazón, y que una sed ardiente abrasaba su garganta. A eso del mediodía descubrió a lo lejos un peñasco que se levantaba entre la arena, y una palmera que crecía a su sombra.

—¡Allí encontraré agua! —exclamó Zela, haciendo un esfuerzo supremo para llegar al peñasco. Mas era éste escarpado y sin vegetación, y hallábase la palmera seca, como la higuera maldita.

La huérfana, falta de fuerzas, cayó sobre la arena dando un gemido. Cruzó sus manitas sobre el pecho y se dispuso a morir.

—Creo en Dios, amo a Dios, espero en Dios —murmuraba dulcemente.

Un viejo de siniestro aspecto salió entonces de una caverna que ocultaba el peñasco; era su mirada torva, y veíanse en su rostro, junto a las señales de la desesperación, las huellas del crimen. Traía en la mano un dogal, y su cuello desnudo parecía dispuesto a recibirle.

—¿Quién espera en Dios, donde para mí no hay esperanza? —exclamó, revolviendo hacia todas partes sus ojos de víbora.

—¡Espero en Dios! —murmuró Zela, aún más dulcemente.

Acercose a ella el pecador desesperado, y una emoción extraña se apoderó de su ánimo. Quería llorar y no podía; quería maldecir y no se movían sus labios.

—¡Espero en Dios! —repitió Zela, en voz tan baja, que parecía un suspiro.

Un sollozo terrible se escapó al fin del pecho del viejo.

—¡Ruega por mí, ángel divino! —exclamó, cayendo de rodillas.

Zela llevó trabajosamente su mano al pecho, e indicó al viejo una hermosa perla verde, que sobre él brillaba. Tomola éste con ansia infinita, y dos arroyos de lágrimas brotaron al fin de sus ojos, mientras sus manos descarnadas golpeaban su pecho contrito.

—¡Espero en Dios! —dijo Zela por última vez. Y su alma comprendió antes de morir, la dulzura de la esperanza.

Al mismo tiempo apareció ante sus ojos el Niño divino que había visto por vez primera al pie del manzano. Su túnica blanca resplandecía, como el Sol en toda su fuerza, y brillaba sobre su pecho el collar de tres perlas. A su derecha Hans Wit, con una túnica blanca y un collar semejante al del Niño, tendía a Zela los brazos; a la izquierda, Groetchen, vestida del mismo modo, le hacía señas con la mano. Voces celestiales cantaban entre las nubes:

El vestido del alma justa
es la Fe, Esperanza y Caridad.

El viejo, arrepentido, sepultó el cadáver de Zela al pie de la palmera, y un salto de agua que brotó del peñasco, mantenía frescas las violetas y azucenas que crecían juntas sobre su tumba, como juntas habían crecido en su alma la pureza y la humildad.

¡Porrita componte!...

La noticia de que señá Juana iba a contar un cuento corrió con la rapidez de una chispa eléctrica, y cuanto chiquillo pelón rompía calzones y lucía churretes en cuatro calles a la redonda, acudió presuroso al Corral de los Chícharos, domicilio de la vieja. Ésta, sentada en el poyo de la puerta, vio venir la granizada con vanidosa sonrisa, paseó una mirada satisfactoria por el inquieto auditorio, rascose dos veces con la aguja de hacer calceta, y poniendo de nuevo sus dedos en movimiento, comenzó así:

—Pues señor, que era vez y vez, y el bien que viniere para mí se quede y el mal para quien lo fuere a buscar, de un hortelano más pobre que las ratas, y con peor estrella que un sietemesino; si sembraba melones, cogía pepinos; si plantaba lechugas, le nacían pitas; si llega a sembrar monedillas de cinco duros, le salen ochavos roñosos, y si deja el oficio y se mete a sombrerero, a buen seguro está que nacen los chiquillos sin cabeza. Porque hay un santo en el cielo, que se llama San Guilindón, que solo tiene por oficio bailar delante del trono de Su Divina Majestad, diciendo a gritos: «¡Dénle más! ¡dénle más!» Y cate usted ahí por qué una desgracia no viene nunca sola, ni una fortuna tampoco, sino que vienen muchas en hilera, como mulos de reata.

Pues vamos a que cuando llegaron las aguas de mayo, parecía la huerta un camposanto, lleno de malvas y ortigas: solo había metido en medio una col, que regaba la hortelana con agua bendita. Los pimientos se secaron, los tomates se perdieron, a las lechugas les entró el pulgón, y solo la col metía, metía sin vergüenza, hasta que pasó la tapia, llegó al tejado, subió más alta que el campanario, se perdió, por último, en las nubes, y el viernes antes de San Juan, tocaba ya con la puntita en la puerta del cielo.

Pues, señor, que de tanta dieta, le llegaron a salir al hortelano telarañas en el gañote, de no usarlo, y la hortelana tenía ya las muelas *mojosas*, y hasta se le había olvidado el modo de mascar: a él se le paseaban los ratones por los bolsillos, y cuando ella cogía en una mano la escoba y en la otra la alcuza, le preguntaban las vecinas:

—Pero, Andrea, ¿estamos de muanza?

Llegó al fin un día en que se cumplieron veinticuatro horas, sin que aquellos infelices cataran la gracia de Dios, y el hortelano mandó a su mujer que arrancara la col, y le hiciera un guiso con los tronchitos de la punta. Señá Andrea puso el grito en el cielo, y se agarró a la col, que no la arrancaba de allí ni las tenazas de Nicodemo; porque pensar en tocarle a su col, era tocarle a ella en las mismas niñas de sus ojos. Pero hijo de mi alma, para fiestas estaba la zorra, y llevaba el jopo ardiendo...

El marido cogió una vara, y le dijo que cabeza abajo la colgaría de una penca si a las doce en punto no estaba hecho el guiso, y ellos comiendo, para alcanzar la bendición del Padre Santo de Roma, que todos los días la da a la campanada de las doce, ni minuto más ni minuto menos. Señá Andrea no tuvo más remedio que meterse la lengua en un zapato, y coger un hacha pa echar abajo la col: vio entonces que llegaba ya al cielo, y se le ocurrió de pronto subirse por ella, y pedirle a San Pedro una limosnita.

Aquello fue lo de melón quiero, tajada en mano tengo, porque pensándolo estaba todavía, y ya iba trepa que trepa, por la col arriba, de penca en penca, hasta que llegó al cielo. No se usan por allí campanillas, y así llamó ¡tras! ¡tras! con los dedos de la mano. Abriose el postiguillo de la puerta, y asomó San Pedro las narices.

—¿Qué se ofrece? —preguntó.

La señá Andrea comenzó a temblar al verse delante de aquel señor tan respetuoso, y dijo con mucha política:

—Aunque usted perdone, señó San Pedro, soy una pobre infeliz que no tiene que comer, y venía a que su mercé me hiciera la caridad de una limosna, por el amor de Dios.

San Pedro cerró de golpe el postiguillo sin decir palabra, y como no hay buen alma que deje fea la palabra de Dios que el pobre empeña, volvió a poco cargado con una mesita, que entregó a señá Andrea, diciendo:

—Toma, hija, esta mesita, y cuando tengas hambre di: *¡Mesita componte!*

—¡Dios se lo pague a usted y se lo aumente de gloria! —contestó señá Andrea echando a correr de penca en penca, hasta que llegó al suelo.

Como las mujeres semos tan curiosas, no tuvo paciencia para esperar la vuelta de su marido, y conforme soltó la mesa en el corral, dijo:

—¡Mesita componte!...

¡Hijo de mi alma, aquello era menester verlo pa creerlo!... Porque no bien lo hubo dicho, apareció en la mesa una comida, como ni en los manteles del rey se pone igual: allí había pollos con tomate, y arroz con conejo, y sardinas fritas, y bacalao en blanco, y de postres arrope, y arroz con leche, y garbanzos tostaos. Cuando llegó el hortelano se dieron ambos a dos una atraquina que con el dedo se lo tocaban, y todos los días diarios se ponían hasta reventar, que era menester silbarles pa que pararan, sin más trabajo ni más guiso que soltar la palabrilla:

—¡Mesita componte!...

Pues vamos a que pasaron así dos meses, poniéndose marido y mujer como chivos de dos madres, y al cabo de éstos, dícele un día el hortelano a señá Andrea:

—Mira, Andrea: no es rigular que quien come tan bien como nosotros comemos, esté, como el que dice, con un trapito atrás y otro alante, sin poder asomar los bigotes a la calle... De manera y ello es, que ahora mismo te subes por la col arriba, y le pides a San Pedro siete onzas, para mercar un traje de paño fino y una saya de alepín negro.

La mujer se resistió algún tiempo, hasta que de penca en penca, de penca en penca, se encampó otra vez en el cielo. Estaba San Pedro sentado a la puerta tornando el Sol, y leyendo los papeles.

—¡Otra te pego! —exclamó al ver aparecer a la hortelana.

—No se incomode su mercé —replicó muy humildita señá Andrea:— que venía a ver si me emprestaba siete onzas, aunque fuese *a dita*, para mercar un traje de paño fino y una saya de alepín negro; porque el invierno se viene encima, y no es rigular que nos coja encuerecitos.

San Pedro la miró por encima de las gafas, y se metió para adentro: a poco salió con una bolsa vacía.

—¡Toma, Mari-pidona —le dijo;— y cuando tengas apuros, di: *¡Bolsita componte!*

—Dios se lo pague a usted y se lo...

—Anda, anda con viento fresco... que por su mal le salieron alas a la hormiga —le contestó San Pedro con mucha soflama.

Señá Andrea echó a correr por la col abajo como alma que lleva el demonio, que no era otra cosa su avaricia, y en unión de su marido, que al pie de la col la esperaba, dijeron a la bolsa:

—¡*Bolsita componte!*... Acto continuo comienzan a caer por la boca afuera pesos duros y más pesos duros, ni más ni menos que cuando llueve a chaparrones.

Marido y mujer creyeron perder el juicio, y lo perdieron en efecto, porque al otro día ya tenía hecho señá Andrea un vestido de tisú de oro, como el manto de la Virgen del Carmen, y señó Juan una levita con flecos de oro y plata, un bastón con borlas como el que saca el alcalde por Corpus Christi, y un sombrero de copalta con siete plumas blancas. Compraron la casa del Ayuntamiento para vivir ellos solos, la forraron toda de papel dorado, y hasta las aljofifas eran de terciopelo, y los estropajos de hilillo de plata. Conforme llegó el domingo, se fueron los dos mu pomposos a misa, en una calesa que mandaron venir de Chiclana: cuando iban llegando a la iglesia, dícele el marido a la mujer:

—Andrea... ¿No repican las campanas?

—Creo que no, Juan.

Juan se puso color de pajuela de pura envidia que lo roía, y dijo:

—Pues bien repican cuando viene el Obispo.

Al salir de la iglesia empezaron marido y mujer a tirar ochavos a los chiquillos, como cuando hay *padrino pelón* en los bautizos; pero como salta al ojo que los pinículos han comido con cuchara de palo, bien pronto los calaron los chiquillos, y conforme recogían los ochavos, echaban a correr gritando:

> Doña Andrea Estropajo,
> hoy está boca arriba
> ayer iba boca abajo.

A señá Andrea se le freía la sangre en el cuerpo, y no bien llegó a su casa se puso a escribir una carta a la Reina, para que mandase ahorcar a todos los chiquillos del pueblo; pero su marido la llamó aparte y le dijo:

—Mira, Andrea, no es rigular que cuando va el Obispo a la iglesia le repiquen las campanas, y cuando vamos nosotros, que somos gente de tantos miles, no toquen ni una mala campanilla... De manera y ello es, que ahora mismo te subes por la col, y le cuentas a San Pedro lo que pasa, para que ponga remedio; porque lo que es a mí, ni el señor Obispo me echa delante la pata.

Seña Andrea no se hizo repetir la cartilla, y comienza a trepar col arriba hecha un toro de fuego, que solo con el aliento levantaba chichones. Se pone delante de San Pedro con más fachenda que un rey de palo, y le pide que mande ahorcar al cura, al sacristán y al monaguillo, si no le repican las campanas como al señor Obispo.

San Pedro se metió la mano en la faltriquera sin decir palabra, y sacó una porrita como de un palmo de largo, ni más ni menos que el badajo de una campana.

—Toma esta porrita —le dijo; y si no repican el domingo cuando vayáis a misa, di: *¡Porrita componte!*

Llegó el domingo después del sábado, sin priesa ninguna, y marido y mujer se meten en su calesa, y se van para la iglesia con más planta que la reina de Egipto; pero las campanas no repicaban... A señá Andrea le da un brinco en el cuerpo la soberbia, saca la porrita, la levanta en alto, y dice hecha un torillo josco:

—¡¡Porrita componte!!...

¡Nunca lo hubiera dicho, cristianos!... Porque empieza la porrita a brincar en el aire, dando coscorrones de la cabeza del marido a la de la mujer, y de la de la mujer a la del marido, sin parar de repicarles en la mollera, hasta dejarlos espachurrados en la misma puerta de la iglesia. Lo cual fue castigo de su ambición, su codicia y su soberbia; porque aquella porrita no era otra cosa que la *Justicia de Dios*, y ella es la que manda Su Divina Majestad de cuándo en cuándo a la tierra para zurrarle la pavana a los hombres. Porque como decía mi abuela, que esté en gloria, cuando era yo zagalilla: Dios ni come ni bebe; pero juzga lo que ve.

Y aquí se acabó mi cuento con pan y pimiento; y el que quiera saber más, que compre un viejo.

Fin

Libros a la carta

A la carta es un servicio especializado para
empresas,
librerías,
bibliotecas,
editoriales
y centros de enseñanza;
y permite confeccionar libros que, por su formato y concepción, sirven a los propósitos más específicos de estas instituciones.

Las empresas nos encargan ediciones personalizadas para marketing editorial o para regalos institucionales. Y los interesados solicitan, a título personal, ediciones antiguas, o no disponibles en el mercado; y las acompañan con notas y comentarios críticos.

Las ediciones tienen como apoyo un libro de estilo con todo tipo de referencias sobre los criterios de tratamiento tipográfico aplicados a nuestros libros que puede ser consultado en Linkgua-ediciones.com.

Linkgua edita por encargo diferentes versiones de una misma obra con distintos tratamientos ortotipográficos (actualizaciones de carácter divulgativo de un clásico, o versiones estrictamente fieles a la edición original de referencia).

Este servicio de ediciones a la carta le permitirá, si usted se dedica a la enseñanza, tener una forma de hacer pública su interpretación de un texto y, sobre una versión digitalizada «base», usted podrá introducir interpretaciones del texto fuente. Es un tópico que los profesores denuncien en clase los desmanes de una edición, o vayan comentando errores de interpretación de un texto y esta es una solución útil a esa necesidad del mundo académico.

Asimismo publicamos de manera sistemática, en un mismo catálogo, tesis doctorales y actas de congresos académicos, que son distribuidas a través de nuestra Web.

El servicio de «libros a la carta» funciona de dos formas.

1. Tenemos un fondo de libros digitalizados que usted puede personalizar en tiradas de al menos cinco ejemplares. Estas personalizaciones pueden ser de todo tipo: añadir notas de clase para uso de un grupo de estudiantes, introducir logos corporativos para uso con fines de marketing empresarial, etc. etc.

2. Buscamos libros descatalogados de otras editoriales y los reeditamos en tiradas cortas a petición de un cliente.

www.ingramcontent.com/pod-product-compliance
Lightning Source LLC
Chambersburg PA
CBHW020803130626
46554CB00006B/2298